DETOX

Recetas para depurar
el organismo

Coralie Ferreira

DETOX

Recetas para depurar el organismo

Fotografía: Aimery Chemin
Estilismo: Coralie Ferreira

5 tintas

CONTENIDOS

- PREFACIO -

¿De verdad hay que convencerle de que puede cuidar su cuerpo mientras se da un festín? Yo misma soy súper golosa y me gusta tanto comer que soy incapaz de seguir ninguna dieta, pero a veces hay que enfrentarse a los hechos: los excesos no esperan mucho tiempo para hacerse sentir. Para detoxificar mi cuerpo con eficacia y calma, me centro en recetas ligeras, coloridas y ricas en todos los sabores que nos ofrecen los huertos y las huertas.

Las frutas y verduras son una parte fundamental de mi vida diaria, y, como es lógico, las selecciono de temporada, con una preferencia por los productos autóctonos (cuanto más acortemos el tiempo entre la recolección y la degustación, más beneficios obtendremos de las vitaminas) e idealmente biológicos (para evitar absorber todas las toxinas que se introducen debido a los tratamientos químicos; si no es así, recuerde lavar y pelar bien las frutas y verduras). Todas ellas me acompañan a lo largo del día. Por la mañana, las exprimo para beber un zumo súper tonificante.

Para las comidas, es necesario un justo equilibrio entre las verduras crudas y las cocidas; si las cocino, prefiero las cocciones lentas y cortas para preservar al máximo sus sabores y beneficios (¡soy una entusiasta de la cocción al vapor!). Puede acompañarlas de una porción razonable de carnes blancas, pescado o proteínas vegetales: son pobres en materia grasa y están deliciosas si las marina con hierbas frescas, pieles y zumos de fruta y especias.

Recuerde agregar a los platos principales –sopas, ensaladas y postres– algunas semillas o frutos secos, por su riqueza en grasas saludables y micronutrientes, y también por el sabor y el toque crujiente que aportan.

Last but not least, ¡no renuncio a las salsas! Estas pueden ser ligeras y proporcionar energía a sus platos: pruebe a preparar unos pestos ligeros mezclando hierbas frescas con plantas oleaginosas, una pequeña cantidad de aceite y agua o incluso una salsa blanca a base de nata de soja para cocinar con zumo de limón, hierbas, especias, etcétera. Creo que siguiendo estas pistas, gozará de todas las posibilidades de cuidar su cuerpo y, al mismo tiempo, de ¡disfrutar comiendo!

Coralie Ferreira

INTRODUCCIÓN A LA

DETOX

Por Marie-Laure André, dietista*

Después de un período de excesos alimentarios de todo tipo, a menudo nos sentimos pesados e hinchados, hemos ganado algunos kilos, nuestro sueño se ve alterado… Las toxinas se acumulan y obstruyen nuestro organismo. Al igual que un aparato que no se ha limpiado durante mucho tiempo y no funciona tan bien, nuestro cuerpo también necesita una «**cura detox**» de vez en cuando para mantenerse en su mejor forma.

Aunque el objetivo de dicha cura no es la pérdida de peso, ¡no es extraño ver como de pasada desaparecen algunos kilos! Pero la detox permite eliminar sobre todo las toxinas del organismo y, así, mejorar el tránsito intestinal y la calidad del sueño reduciendo el nivel de estrés y la fatiga. **Resultado: una sensación de bienestar se instala de manera progresiva y duradera.**

Que todo esté «**hecho en casa**» desempeña un papel importante en la detoxificación de su organismo: los productos industriales a menudo están repletos de aditivos de todo tipo (como conservantes y colorantes sintéticos), aromas artificiales, grasas, sal y azúcares añadidos… Por otra parte, la cura no tiene que vivirse como un período de privaciones, sino todo lo contrario, el placer de comer debe mantenerse lo máximo posible. Es hora de cuidar de uno mismo y esto empieza por preparar recetas ligeras y deliciosas.

Entonces ¡a sus cocinas!

Para empezar su cura detox, **escoja un día de descanso**, de un fin de semana o, por ejemplo, el primer día de sus vacaciones. Relájese y evite cualquier actividad física importante.

Una buena cura detox debe permitir al organismo encontrar un equilibrio a nivel digestivo para asimilar mejor los nutrientes esenciales, pero también un balance ácido-base óptimo reduciendo los alimentos acidificantes. Esta cura también debe aportar muchos nutrientes esenciales, especialmente vitaminas y otras sustancias antioxidantes, para luchar contra el envejecimiento acelerado de las células.

Existen muchos tipos de curas detoxificantes, como el ayuno o las dietas únicamente a base de frutas. Este tipo de curas solo pueden realizarse bajo supervisión médica y durante un corto período de tiempo. Las recetas propuestas en este libro le orientarán sobre una cura menos estricta: son ligeras y digestivas, pero también son sabrosas y ricas en elementos nutritivos: vitaminas, minerales y oligoelementos, antioxidantes… **Por lo tanto, puede seguir esta cura durante una o más semanas sin ningún riesgo para su salud.**

IMPORTANTE :

Si sufre de una enfermedad crónica (diabetes, insuficiencia cardíaca...), consulte a su médico para saber si su organismo puede aguantar una cura detox.

En la mesa, no restrinja las cantidades, simplemente escuche sus sensaciones de hambre y de saciedad. Mantenga un ritmo de comidas clásico, tres al día, añadiendo uno o dos tentempiés si siente que los necesita. Coma con calma y mastique bien.

Evite el tabaco durante su cura, acuéstese a una hora razonable para favorecer un buen sueño y acuérdese de oxigenarse cada día al aire libre.

* Marie-Laure André es dietista en el entorno hospitalario desde hace 15 años y está especializada en la atención nutricional de la insuficiencia renal, la diabetes y la obesidad. También colabora en el Institut Universitaire de Technologie de Toulon-La Garde desde hace muchos años con los estudiantes de dietética. Apasionada de la alimentación como placer y de la alimentación saludable, es autora de diversos libros de dietética y de recetas.

- ¿QUÉ ALIMENTOS HAY QUE EVITAR? -

Para detoxificar correctamente su organismo, ante todo debe evitar absorber alimentos portadores de sustancias tóxicas para el organismo y que ensucian las células aumentando el trabajo de los órganos de eliminación: el hígado, los riñones y el intestino.

NOS OLVIDAMOS DE

• **El alcohol** bajo todas sus formas, ya que altera la digestión, fatiga el hígado y acelera el envejecimiento de las células.

• **Las «grasas cocidas»**, es decir, todas aquellas que han sufrido una cocción y que están presentes en numerosos alimentos industriales (bollería y repostería, galletas de todo tipo…). Son difíciles de digerir y sobrecargan el hígado.

• **El azúcar refinado** y los alimentos que lo contienen: helados, mermeladas, pasteles… El azúcar refinado carece de interés nutricional: no contiene ni fibras, ni vitaminas, ni minerales, únicamente calorías «vacías». Además, es acidificante para el organismo, provoca la formación de caries y tiene un índice glucémico muy elevado, lo cual favorece el almacenamiento de grasas. Evite también los edulcorantes sintéticos como el aspartamo y decántese por los azúcares naturales, pero procure consumirlos en pequeñas cantidades: miel, azúcar moreno de caña (moscovado) y sirope de agave.

• **Los embutidos y las carnes conservadas en salazón** (jamón dulce, jamón de pavo…), ricos en aditivos tóxicos (especialmente nitritos), además de carnes y pescados ahumados que contienen sustancias sospechosas de ser cancerígenas para el hombre.

• **Los platos cocinados industriales** (sopas, salsas de todo tipo, platos congelados o comida preparada…), demasiado ricos en grasas, sal y aditivos químicos.

LIMITAMOS

• **La carne**, sobre todo la carne roja, cuyas proteínas son muy acidificantes para el organismo.

• **Los cereales que contienen gluten** (trigo, centeno y cebada sobre todo), así como sus productos derivados: pan, biscotes, pastas, sémolas… El gluten es una proteína grande difícil de digerir.

• **La leche de vaca y sus derivados**, difíciles de digerir por ser ricos en lactosa y en caseínas (unas proteínas presentes en la leche). Escoja productos lácteos de cabra y leches vegetales (almendra, soja…), que son mucho más digestivos.

• **Las leguminosas** (lentejas, judías secas…), cuyas fibras son muy irritantes para la mucosa intestinal.

• **El café**, rico en cafeína y que acelera el ritmo cardíaco: no más de una taza al día, sobre todo de café con leche, muy difícil de digerir. Decántese por el té verde o el rojo (roiboos) por encima del té negro, más rico en teína.

• **La sal de aderezar** para no sobrecargar los riñones (emplee mejor la sal marina).

EL ÍNDICE GLUCÉMICO mide la capacidad de un alimento para aumentar la glucemia (el índice de glucosa en sangre). Los alimentos con un alto índice glucémico sobrecargan el páncreas, lo que lleva a una producción a veces desproporcionada de insulina y, a largo plazo, al aumento de peso (la insulina favorece el almacenamiento de grasas).

- ¿QUÉ ALIMENTOS HAY QUE PRIORIZAR? -

Para una buena detox, los alimentos básicos son las frutas y las verduras frescas. Escoja las de temporada para aprovechar al máximo las vitaminas y las sustancias antioxidantes. Consúmalas crudas o cocinadas, en ensaladas, sopas calientes o frías, zumos o, mejor aún, smoothies, más ricos en fibras y más saciantes que los simples zumos. También hay que priorizar los alimentos poco acidificantes y los que facilitan la eliminación de toxinas del organismo.

LOS MEJORES ALIMENTOS PARA UNA BUENA CURA DETOX

ALIMENTOS	VENTAJAS DETOX
ALGAS	
Espirulina, chlorella, wakame, nori.	Propiedades depurativas. Riqueza excepcional en antioxidantes.
BAYAS ROJAS	
Goji, acerola, arándano rojo, arándano azul.	Excepcional contenido en vitamina C antioxidante. Propiedades antibacterianas.
CEREALES SIN GLUTEN	
Trigo sarraceno, quinoa, arroz integral, mijo o pobres en gluten (espelta, kamut, avena).	Fáciles de digerir.
CHOCOLATE	
Negro (> 70 % de cacao).	Rico en sustancias antioxidantes.
ESPECIAS	
Curry, jengibre, pimienta, canela y hierbas aromáticas frescas (albahaca, menta, romero, cilantro, estragón…).	Facilitan la digestión. Diuréticas. Estimulan las funciones depurativas del organismo (hígado, riñones, intestino).
FRUTA FRESCA	
Albaricoques, piñas, cerezas, frambuesas, granadas, kiwis, melones, manzanas, ciruelas, uvas, ruibarbo…	Ricas en fibras y sustancias antioxidantes. Propiedades depurativas (estimulan el hígado, la vesícula biliar…) y diuréticas.

ALIMENTOS	VENTAJAS DETOX
FRUTOS SECOS Y SEMILLAS OLEAGINOSAS	
Almendras, nueces, avellanas. Semillas de chía, de sésamo, de calabaza.	Ricas en proteínas, fibras y grasas insaturadas que protegen el corazón.
ACEITES DE PRIMERA PRESIÓN EN FRÍO	
Oliva, semillas de uva, nueces.	Ricos en grasas de buena calidad.
LECHES VEGETALES	
Almendra, avena, arroz, soja (bebida y yogures).	Fáciles de digerir.
VERDURAS FRESCAS	
Ajo, alcachofa, espárrago, aguacate, zanahoria, apio, col, berros, espinacas, cebolla, diente de león, puerro, rábano negro.	Estimulan el sistema inmunitario. Ricas en fibras y sustancias antioxidantes. Propiedades depurativas (estimulan el hígado, la vesícula biliar…) y diuréticas.
GERMINADOS	
Muy digestivos y ricos en nutrientes esenciales (vitaminas, sustancias antioxidantes).	
MIEL	
Antibacteriana y natural.	
PESCADOS Y FRUTOS DE MAR	
Pobres en grasas y ricos en proteínas. Ricos en oligoelementos y sustancias antioxidantes.	
SOJA	
Tofu, leche de soja.	Rica en proteínas y pobre en grasas saturadas. Fácil de digerir.
CARNES BLANCAS	
Pollo, pavo.	Ricas en proteínas de buena calidad, pobres en grasas.
YOGURES	
Principalmente de cabra.	Ricos en probióticos, indispensables para el bienestar intestinal.

Las frutas y las verduras crudas pueden ser irritantes para la mucosa intestinal. Si tiene los intestinos sensibles, pélelas y despepítelas, o consúmalas cocinadas. También puede rociarlas con limón o vinagre, o adornarlas con alcaparras o rábano picante: su acidez facilitará la digestión.

¿HAY QUE ESCOGER LO BIOLÓGICO?

Los vegetales procedentes de la agricultura biológica son productos sin fertilizantes ni pesticidas químicos. Maduran al aire libre y su sabor es auténtico. Si su bolsillo se lo permite, priorice los productos biológicos a los clásicos y consúmalos lo más rápidamente posible (las vitaminas son sensibles a la luz y se destruyen parcialmente durante su almacenamiento).

¿QUÉ BEBER?

Para atrapar las toxinas, hay que eliminarlas bebiendo mucha agua: un mínimo de 1,5 litros por día, sin gas y preferentemente poco mineralizada, puesto que ya recibirá su dosis de minerales ¡gracias a las deliciosas recetas que vienen a continuación! Si no le gusta el agua, decántese por las tisanas con propiedades depurativas (de tomillo, romero, ulmaria o diente de león), el té verde, rico en antioxidantes, o el agua de coco, muy diurética gracias a su contenido en potasio.

También puede prepararse zumos de verduras con vitaminas o smoothies ricos en fibras.

Por último, no se olvide del zumo de limón: ½ limón exprimido en un poco de agua (no muy fría) por la mañana permite limpiar bien el hígado. También puede añadir un poco de limón al agua mineral que beba a lo largo de todo el día.

¿QUÉ MÉTODOS DE COCCIÓN HAY QUE PRIORIZAR?

La elección de los métodos de cocción es igual de importante que la de los alimentos para conseguir una buena detoxificación del organismo. Las cocciones a altas temperaturas generan sustancias tóxicas como la acrilamida o los benzopirenos. Además, las enzimas, las vitaminas y los minerales presentes en los alimentos se destruyen parcialmente durante las cocciones a alta temperatura. Por consiguiente, evite los fritos, las cocciones en la sartén, la barbacoa o la olla a presión, y priorice las cocciones al vapor suave, en una vaporera eléctrica o de bambú. También puede preparar deliciosas papillotes, siempre que limite la temperatura de su horno y evite el papel de aluminio.

La cocción a fuego lento también permite preservar los nutrientes esenciales siempre que se mantenga el fuego bajo.

Si es amante de lo crudo, ¡va a disfrutar! Sin embargo tenga cuidado de no abusar de las crudités, cuyas fibras pueden irritar el intestino. Si le gusta el pescado crudo, considere marinarlo con limón o vinagre: carpaccio de pescado, tartar de vieira…

BUENAS COMBINACIONES DE ALIMENTOS

¡Una buena detox pasa por una buena digestión! Por lo tanto, evite ciertas combinaciones de alimentos que alargan la digestión, como las proteínas animales (carnes blancas, huevos, pescados) y el almidón (patatas, arroz, quinoa…). Mejor combine las carnes blancas o los pescados con verduras. Además, beba preferentemente fuera de las comidas para evitar diluir las enzimas digestivas.

Finalmente, si tiene dificultades para digerir, consuma la fruta cruda fuera de las comidas (o un cuarto de hora antes) para no alterar la digestión. De postre, elija fruta cocinada (compotas, manzana al horno…) y productos lácteos de cabra, de soja o hechos con leches vegetales.

LAS TRES REGLAS DE ORO PARA UNA BUENA DIGESTIÓN

1 - DURANTE LAS COMIDAS, ELIJA LAS SIGUIENTES COMBINACIONES:
Carnes blancas / pescados + verduras
Cereales + verduras

2 - CONSUMA FRUTA FUERA DE LAS COMIDAS
(o un cuarto de hora antes) para no alterar su digestión.

3 - BEBA PREFERENTEMENTE FUERA DE LAS COMIDAS
para evitar que las enzimas digestivas estén demasiado diluidas.

Mis menús 100% detox para un fin de semana

	DÍA 1	DÍA 2
DESAYUNO	Té verde - Granola sin gluten, frutos secos de cáscara y leche vegetal	Green smoothie - Avena cremosa con arándanos azules y avellanas
ALMUERZO	Rábanos crudos con sal - Calabacines amarillos, pollo con soja, cebollas tiernas y jengibre - Requesón de cabra	Remolachas al vapor con alcaparras y berros - Salmón a la papillote Tutti legumi con especias y hierbas - Manzana al horno
MERIENDA	Agua de coco - Uvas y sirope ligero de saúco	Infusión de cilantro, melisa y limón - Piña fresca
CENA	Crema de zanahoria con cúrcuma, cilantro y jengibre - Trigo sarraceno, judías verdes, albaricoques y almendras - Yogur de soja	Crema de alcachofas, guisantes y menta - Quinoa con salsa de tomate - Queso fresco con moras y arándanos azules

Ahora tiene todas las claves para hacer una cura detox con éxito.
Recuerde variar sus menús, dé color a sus platos, añada un toque crujiente
(con los germinados), perfúmelos con especias y hierbas aromáticas
y, sobre todo, ¡disfrute!

TÉCNICAS
BÁSICAS

PREPARAR ALCACHOFAS

Ensaladera • Cuchillo afilado

1 Prepare una ensaladera llena de agua y añádale zumo de limón. Parta el tallo de la alcachofa para eliminar la parte más fibrosa y sazónela con limón. Retire las primeras hileras de hojas duras a mano.

2 Corte la parte de arriba de las hojas. Pele el tallo y la base. Recuerde sumergir regularmente la alcachofa en el agua con limón para evitar que se oxide demasiado.

3 Elimine todas las hojas duras pasando la hoja del cuchillo por todo el contorno de la alcachofa hasta llegar al corazón. Luego limpie pulcramente la base, corte las hojas verdes (excepto si son suficientemente tiernas y de color claro, especialmente para las alcachofas violetas) y retire la pelusilla. A medida que vaya terminándolas, sumerja las alcachofas en el agua con limón hasta el momento de cocinarlas.

20

PREPARAR COL RIZADA

1 Lave la col rizada bajo un hilo de agua retirando cualquier resto de tierra. Retire el nervio central: es muy duro, por lo tanto, no muy bueno para comer (en cambio, lo puede utilizar para añadir col rizada a un zumo pasándolo por el extractor de zumos). Basta con pasar la hoja del cuchillo a ras de las hojas para no desperdiciar demasiada, aunque también puede hacerlo con unas tijeras.

2 Trocee bastamente la parte verde de la col rizada y colóquela en una ensaladera.

3 ¡La col rizada adora que la masajeen! Por lo tanto, primero basta con echar un poco de sal y regarla con unas cucharadas de aceite de oliva (o de otro tipo), de limón o de vinagre (para la acidez); a continuación, masajéela con las dos manos durante al menos 3 minutos de manera que cada hoja quede recubierta y se ablande. De este modo, puede cocinarla al horno para obtener una col rizada crujiente-fundente o dejarla reposar 1 hora y saborearla en una ensalada.

21

HACER UNA PAPILLOTE

Papel sulfurizado • Hilo de cocina

1 Prepare todos los ingredientes de la receta y recorte un gran cuadrado de papel sulfurizado. Pele las verduras si es necesario y corte todos los ingredientes de la papillote en trocitos: esto facilitará la cocción, que será más rápida. Luego puede marinar la carne, el tofu o el pescado con nata para cocinar o con un hilo de aceite de oliva y especias o hierbas.

2 Ponga los ingredientes en el centro del papel sulfurizado: coloque primero las verduras y alíñelas ligeramente, después ponga los trozos de carne o pescado. Vierta el adobo o la nata para cocinar y un poco de agua para facilitar la cocción. Alíñelo todo a su gusto.

3 Cierre la papillote: lleve los bordes paralelos de la hoja hacia el centro, dóblelos juntos varias veces y después cierre los otros dos lados con hilo de cocina. ¡Ahora, lo único que tiene que hacer es meterlo en el horno!

22

HACER UN ZUMO CON EL EXTRACTOR DE ZUMOS

Extractor de zumos o licuadora

1 Escoja las frutas y verduras que desea meter en su zumo. Lávelas cuidadosamente. Pélelas si no son de origen biológico.

2 Corte las verduras y adáptelas a la medida del cuello de su extractor. Cuando se trate de cítricos, retire la piel antes de pasarlos por el extractor.

3 Pase las frutas y verduras por el extractor alternando, si es posible, la pulpa jugosa y la más dura con la finalidad de facilitar la realización del zumo. Tómese el zumo rápidamente. Si tiene que esperar, consérvelo en frío en un recipiente hermético.

ZUMOS E INFUSIONES

MUY FÁCIL

Para 1 vaso grande
5 min de preparación
Coste barato

GREEN SMOOTHIE

*½ plátano • ½ aguacate • 1 kiwi • 1 puñado de espinacas • 2 hojas de lechuga
• El zumo de ½ limón*

Batidora americana

Pele el plátano, el aguacate y el kiwi. Córtelos en trozos y colóquelos en el vaso de
la batidora con el zumo de limón. Lave las hojas de la lechuga y de las espinacas,
escúrralas y colóquelas encima de la fruta cortada. Mézclelo con 3 cubitos de hielo
y 300 ml de agua. Sírvalo enseguida.

INFORMACIÓN NUTRICIONAL

El aguacate es rico en grasas insaturadas que participan en la buena salud del sistema
cardiovascular. También contiene componentes antioxidantes y fibras que favorecen
un buen funcionamiento intestinal.

MUY FÁCIL Para 1 vaso grande
5 min de preparación
Coste barato

TODO VERDE

*2 hojas de col • 1 puñado de canónigos • 1 puñado de berros • 2 manzanas verdes
• El zumo de ½ limón*

Extractor de zumos o licuadora (véase técnica en la p. 23) • Colador

Lave las hojas de la col, de los canónigos y de los berros, escúrralas y córtelas en trocitos si es necesario. Lave las manzanas y trocéelas. A medida que las vaya cortando, meta los trozos en el extractor de zumos (o en la licuadora). Añada el zumo de limón, cuele y sirva rápidamente.

INFORMACIÓN
NUTRICIONAL
La col es uno de los mejores aliados de la detox: es ligeramente laxante gracias a su riqueza en fibras, contiene vitaminas antioxidantes (vitamina C, provitamina A) y compuestos que ayudan al hígado a eliminar toxinas.

MUY FÁCIL

Para 1 vaso grande
5 min de preparación
Coste barato

VERDE ESPIRULINA

*½ pepino • 2 manzanas verdes • 2 ramitas de menta • ½ cucharadita de espirulina
• El zumo de ½ lima*

Extractor de zumos o licuadora (véase técnica en la p. 23) • Colador

Lave el pepino y las manzanas, trocéelos y, a medida que vaya cortando trozos, páselos por el extractor de zumos (o la licuadora) junto con las hojas de menta, la espirulina y el zumo de lima. Cuélelo y sírvalo rápidamente.

*INFORMACIÓN
NUTRICIONAL*
La espirulina es
una microalga
con propiedades
nutricionales
inigualables: es rica
en proteínas, hierro,
vitaminas y sustancias
antioxidantes que
refuerzan el sistema
inmunitario y participan
en la eliminación de
los metales pesados
acumulados en el
organismo.

MUY FÁCIL   Para 1 vaso grande
5 min de preparación
Coste barato

OTOÑO

*2 hojas de col rizada • 1 pera • 1 manzana roja • ½ pepino
• El zumo de 1 limón*

Extractor de zumos o licuadora (véase técnica en la p. 23) • Colador

Lave la col rizada, la pera, la manzana y el pepino. Córtelos en trozos y páselos por el extractor de zumos (o por la licuadora) junto con el zumo de limón. Cuélelo y sírvalo muy frío.

INFORMACIÓN
NUTRICIONAL
La col rizada es la col detox por excelencia gracias a su riqueza en fibras y compuestos antioxidantes (vitamina C, provitamina A) que refuerzan el sistema inmunitario y protegen nuestros ojos. También es rica en hierro y calcio.

MUY
FÁCIL

Para 1 vaso grande
5 min de preparación
Coste barato

INVIERNO

*1 hoja de col lombarda • 2 ramas de apio • ½ granada • ¼ de piña
• El zumo de 1 lima*

Extractor de zumos o licuadora (véase técnica en la p. 23) • Colador

Lave todos los ingredientes y séquelos. Corte la piña, la col y el apio en trozos y extraiga los granos de la granada. Páselo todo por el extractor de zumos (o por la licuadora) junto con el zumo de lima. Cuélelo y sírvalo muy frío sin esperar.

INFORMACIÓN NUTRICIONAL
La granada se considera una superfruta con propiedades antiinflamatorias, anti-microbianas, anticancerosas y antioxidantes gracias a su excepcional riqueza en compuestos antioxidantes.

PRIMAVERA

4 zanahorias • 10 fresas • 1 pomelo

Extractor de zumos o licuadora (véase técnica en la p. 23) • Colador

Lave las zanahorias y las fresas, córtelas en trozos. Pele el pomelo y corte la pulpa en trozos. Páselo todo por el extractor de zumos (o por la licuadora), cuélelo y sírvalo rápidamente.

Las fresas son pobres en azúcar, por lo tanto, su aporte calórico es muy bajo (30 kcal / 100 g) en comparación con el promedio de las frutas. Contienen cantidades interesantes de fibras, vitamina C y compuestos antioxidantes.

MUY
FÁCIL · Para 1 vaso grande
5 min de preparación
Coste barato

VERANO

*150 g de frutos rojos variados • 200 g de pulpa de sandía
• El zumo de 1 limón*

Extractor de zumos o licuadora (véase técnica en la p. 23) • Colador

Lave los frutos rojos, escúrralos y córtelos en trozos si es necesario, así como la pulpa de la sandía. Páselos por el extractor de zumos (o por la licuadora) y añada el zumo de limón, cuélelo y sírvalo enseguida.

INFORMACIÓN
NUTRICIONAL

La sandía es pobre en azúcar (alrededor de un 6%) y muy refrescante gracias a su alto contenido en agua. También contiene ciertos compuestos antioxidantes que protegen el corazón y sus vasos sanguíneos y que le confieren propiedades antiinflamatorias.

VEGGIE JUICE

*3 zanahorias • ½ bulbo de hinojo • ½ remolacha roja cruda • ⅓ de pepino
• El zumo de ½ limón*

Extractor de zumos o licuadora (véase técnica en la p. 23)

Lave las verduras y pélelas si lo desea. Córtelas en trozos y páselas por el extractor de zumos (o por la licuadora) junto con el zumo de limón. Sírvalo enseguida.

Las zanahorias son ricas en carotenos, los precursores de la vitamina A, que ayudan a la piel a prepararse para el sol dándole un bonito bronceado. También contienen fibras que permiten regular el tránsito intestinal, sobre todo en caso de diarrea.

MUY FÁCIL Para **1** vaso grande
5 min de preparación
Coste barato

EXÓTICO

¼ de piña • ½ mango • 3 frutas de la pasión • 100 ml de agua de coco
• El zumo de 1 lima

Batidora americana

Pele la piña y el mango, y corte su pulpa en trozos. Corte las frutas de la pasión por la mitad, saque la pulpa y las semillas y colóquelas junto con la piña, el mango, el zumo de lima y el agua de coco en el vaso de la batidora. Mézclelo todo con 4 cubitos de hielo y sírvalo sin esperar.

INFORMACIÓN
NUTRICIONAL
El agua de coco es pobre en azúcar y, por consiguiente, pobre en calorías. Su riqueza en potasio hace que sea una bebida particularmente diurética, lo que facilita la eliminación de toxinas. También es muy refrescante.

VITAMINA C

*2 naranjas • 1 kiwi • 5 fresas • 1 limón • 3 ramitas de perejil
• 1 cucharadita de açaí en polvo*

Batidora americana • Exprimidor

Exprima el limón y las naranjas. Vierta el zumo en el vaso de la batidora. Pele el
kiwi y córtelo en trozos; lave y quite el pedúnculo de las fresas; luego lave el perejil
y séquelo todo. Coloque los ingredientes anteriores junto con el açaí en el vaso de
la batidora. Mézclelo con 4 cubitos de hielo y sírvalo enseguida.

Para un zumo rico en vitamina C, consuma la fruta lo más rápidamente posible
después de comprarla: la vitamina C es sensible a la luz y se destruye parcialmente
durante el almacenamiento.

MUY FÁCIL   Para 1 vaso grande
5 min de preparación
Coste barato

COCOON

3 albaricoques • 3 dátiles Medjool • 1 aguacate • 1 pizca de canela en polvo
• El zumo de 1 limón

Batidora americana

Lave los albaricoques, deshuéselos y colóquelos en el vaso de la batidora con los dátiles deshuesados, la pulpa del aguacate, la canela y el zumo de limón. Mézclelo con 4 cubitos de hielo y 150 ml de agua. Sírvalo enseguida.

INFORMACIÓN
NUTRICIONAL
Los albaricoques son
una excelente fuente
de carotenos con
fuertes propiedades
antioxidantes
que contribuyen
a la protección
cardiovascular
favoreciendo la buena
salud de la piel y de los
ojos. También contienen
fibras que mejoran el
tránsito intestinal.

SUPERFRUTAS

100 g de arándanos azules • 100 g de frambuesas • 150 ml de zumo de arándanos rojos • 2 naranjas

Batidora americana • Exprimidor

Lave los arándanos, las frambuesas y exprima las 2 naranjas. Mézclelo todo en la batidora con el zumo de arándanos rojos y 4 cubitos de hielo. Sírvalo enseguida.

Las bayas, como los arándanos azules, las frambuesas y los arándanos rojos, son muy ricas en fibras que ayudan al buen funcionamiento del intestino. También contienen grandes cantidades de sustancias antioxidantes.

MUY
FÁCIL
Para 1 vaso grande
5 min de preparación
Coste barato

ASPECTO RENOVADO

3 zanahorias • 40 uvas blancas • 3 cm de rábano negro • 1 rama de apio
• El zumo de ½ limón

Extractor de zumos o licuadora (véase técnica en la p. 23) • Colador

Lave las verduras y las uvas. Córtelas en trozos y páselas por el extractor de zumos (o por la licuadora) junto con el zumo de limón. Cuélelo y sírvalo enseguida.

INFORMACIÓN
NUTRICIONAL
La uva es una de las mejores frutas detox gracias a su alto contenido en potasio y sustancias antioxidantes que activan los órganos asociados a la detoxificación del organismo (hígado, intestino, riñones).

50

INFUSIÓN DE ESPECIAS

½ cucharadita de semillas de anís • ½ cucharadita de semillas de hinojo • ½ vaina de cardamomo • ½ cucharadita de semillas de cilantro • ½ cucharadita de virutas de regaliz • 400 ml de agua mineral o filtrada

Tetera • Cazo • Termómetro de cocina • Colador fino

Chafe todas las semillas y colóquelas en la tetera con las virutas de regaliz. Caliente el agua a 70 ºC y viértala sobre las especias. Déjelo infusionar todo 4 minutos, fíltrelo y sírvalo.

Las especias tienen un rol importante en la cura detox. Facilitan la digestión (anís, regaliz), tienen propiedades diuréticas (cardamomo, hinojo), tranquilizan y tonifican (regaliz) y detoxifican el organismo (semillas de cilantro).

MUY
FÁCIL
Para 1 taza
3 min de preparación
5 min de infusión
Coste medio

INFUSIÓN DE BARDANA, DIENTE DE LEÓN, CILANTRO Y LIMÓN

½ cucharadita de raíz de bardana • ½ cucharadita de raíz de diente de león
• ½ cucharadita de malva • 2 ramitas de cilantro • El zumo de ½ limón
• 200 ml de agua mineral o filtrada

Tetera • Cazo • Termómetro de cocina • Colador fino

Lave las ramitas de cilantro y deposítelas en la tetera con el zumo de limón, la bardana, la malva y el diente de león. Caliente el agua a 70 ºC y viértala en la tetera. Deje infusionar todo 5 minutos, fíltrelo y sírvalo.

CONVIENE SABER
La malva aporta un color azul a esta infusión, ¡no se sorprenda por ello!

INFORMACIÓN NUTRICIONAL
El diente de león es diurético y depurativo, la bardana es antiinflamatoria y antioxidante. La malva también tiene efectos antiinflamatorios y mejora la digestión especialmente gracias a un ligero efecto laxante.

DESAYUNOS

FÁCIL

Para 1 persona
5 min de preparación
5 min de cocción
5 min de reposo
Coste medio

AVENA CREMOSA CON ARÁNDANOS AZULES Y AVELLANAS

30 g de copos de avena • 50 g de arándanos azules • 4 avellanas • ½ cm de raíz de jengibre fresco • 120 ml de leche de avellanas • 1 cucharadita de sirope de arce

Cazo • Rallador

Pele el jengibre y rállelo. En el cazo, mezcle los copos de avena, el jengibre rallado y la leche de avellanas y después déjelo reposar todo durante 5 minutos.

Lleve la mezcla a ebullición y remuévala hasta que obtenga una consistencia cremosa, añada el sirope de arce y mézclelo. Sírvalo con arándanos azules y avellanas trituradas.

MANZANA ASADA AL HABA TONKA CON ALMENDRAS Y AVELLANAS

1 manzana Reineta o Boskoop biológica • ¼ de haba tonka • 1 cucharada de almendras laminadas • 1 cucharada de avellanas

Sartén • Rallador • Vaporera

Triture las avellanas y después colóquelas en la sartén sin materia grasa con las almendras laminadas. Dórelas durante unos minutos.

Lave la manzana, córtela en trozos de la misma medida, ralle el haba tonka por encima y cuézalo todo al vapor durante 5 minutos.

Sirva las manzanas con las almendras y las avellanas doradas.

En dosis bajas, el haba tonka posee propiedades drenantes y tonificantes dentro del organismo. Sin embargo, se vuelve tóxica cuando la consumimos en grandes cantidades. Así que modérese (¼ de haba, como máximo).

FÁCIL Para alrededor de **350** g de granola
5 min de preparación
30 min de cocción
Coste medio

GRANOLA SIN GLUTEN CON PIPAS Y BAYAS DE AGUAYMANTO

100 g de copos de trigo sarraceno • 30 g de quinoa inflada • 20 g de copos de arroz
• 30 g de arroz inflado • 35 g de pipas de calabaza peladas • 35 g de pipas de girasol peladas
• 50 g de bayas de aguaymanto secas • 60 ml de sirope de arce • 60 ml de zumo de manzana
• 40 ml de aceite de girasol o aceite de coco • 1 pizca de canela en polvo • 1 pizca de sal

Precaliente el horno a 160 ºC (potencia 5).

Mezcle las pipas peladas con la canela y los cereales. Vierta el sirope de arce, el zumo de manzana, el aceite y la sal por encima y mézclelo todo bien. Distribuya la preparación sobre una bandeja de horno y hornéela durante 30 minutos. Mezcle los cereales a mitad de cocción y vuelva a meterlos en el horno hasta que estén bien dorados. Déjelos enfriar completamente.

Mezcle la granola enfriada con las bayas de aguaymanto y guárdela en un recipiente hermético. Deguste esta granola con leche vegetal.

YOGUR DE SOJA CON FRAMBUESAS, MIEL, POLEN Y PIPAS DE CALABAZA

100 g de yogur de soja • 50 g de frambuesas • 1 cucharadita de miel • 1 cucharadita de pipas de calabaza peladas • 1 cucharadita de polen

Lave las frambuesas rápidamente.

Mezcle el yogur con la miel y sírvalo con las frambuesas. Agregue las pipas de calabaza peladas y el polen.

La miel es un azúcar natural con un poder endulzante más elevado que el del azúcar normal, lo que permite reducir las cantidades utilizadas en las recetas. Es antibacteriana y también tiene propiedades depurativas gracias a su contenido en sustancias antioxidantes.

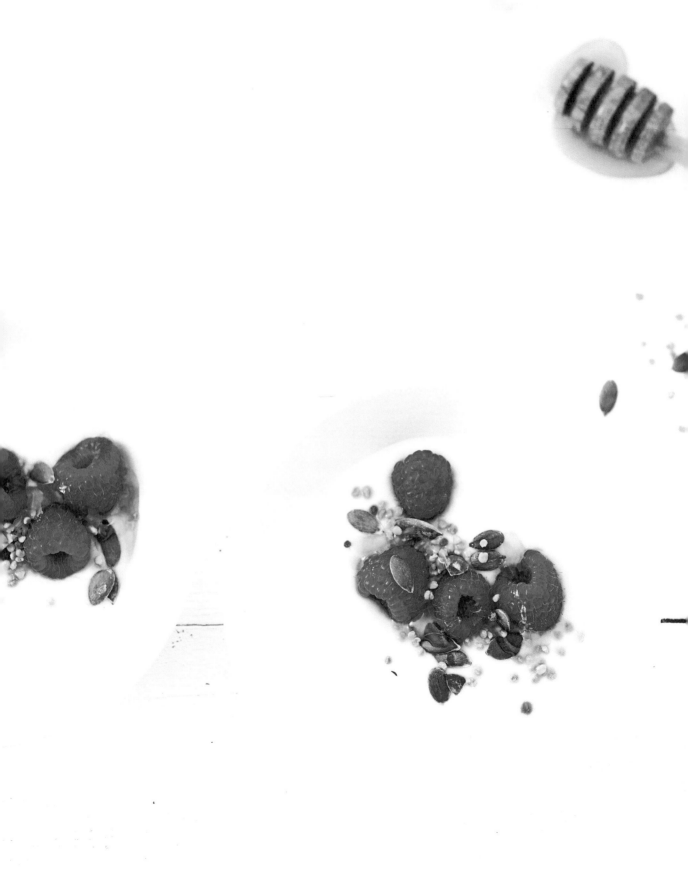

MUY FÁCIL Para 1 vaso grande
5 min de preparación
Coste medio

ENERGY SMOOTHIE

1 plátano • 3 dátiles • ¼ de vaina de vainilla • 180 ml de leche de soja
• 1 cucharadita de semillas de chía

Batidora americana

Ponga los dátiles en remojo en un bol con agua caliente. Abra la vaina de vainilla y extraiga las semillas pasando el dorso de la hoja de un cuchillo. Pele el plátano, córtelo en trozos y colóquelos en la batidora. Añada la leche de soja, los dátiles deshuesados, las semillas de chía y de vainilla, y mézclelo todo hasta obtener una textura homogénea. Bébaselo rápidamente.

INFORMACIÓN NUTRICIONAL
El plátano y los dátiles proporcionan carbohidratos rápidamente asimilables y una buena cantidad de potasio. Este smoothie es perfecto para cargarse de energía justo antes de una actividad física o justo después, para facilitar la recuperación muscular.

66

SOPAS Y
ENSALADAS

FÁCIL

Para 4 personas
10 min de preparación
25 min de cocción
Coste medio

CREMA DE ZANAHORIA CON CÚRCUMA, CILANTRO Y JENGIBRE

600 g de zanahorias • 1 cebolla pequeña • 1 diente de ajo • 10 ramitas de cilantro • 2 cm de raíz de jengibre fresco • 2 cucharaditas de cúrcuma • 1 cucharadita de aceite de sésamo • Sal

Olla • Rallador • Minipimer

Pele las zanahorias, el ajo y la cebolla, y córtelos en trozos. Cueza la cebolla, el jengibre pelado y rallado, el ajo y la cúrcuma en la olla con un poco de agua. Después añada las zanahorias, mézclelo todo, cúbralo de agua y continúe la cocción durante 20 minutos.

Mientras tanto, lave y seque el cilantro, deshójelo y píquelo fino. Cuando las zanahorias estén cocidas, pase la crema por el minipimer, sálela ligeramente, añada el aceite de sésamo y las hojas de cilantro, mézclela y sírvala.

FÁCIL

Para 4 personas
30 min de preparación
18 min de cocción
Consistencia

CREMA DE ALCACHOFAS, GUISANTES Y MENTA

4 alcachofas grandes • 300 g de guisantes desgranados • 2 cebollas tiernas • 5 ramitas de menta • 100 ml de crema de soja • Sal

Olla • Minipimer • Colador

Retire las primeras hojas de las alcachofas, corte el tallo y la parte de arriba de las hojas más duras, y, después, con la ayuda de un cuchillo de cocina, corte todas las hojas de los lados girando la alcachofa en sus manos. Cuando llegue al corazón y solo queden hojas tiernas, córtela en cuatro y retire la pelusilla (véase técnica en la p. 20).

Lave y corte en láminas finas las cebollas. Lave los guisantes. Coloque las alcachofas y las cebollas en la olla, cúbralas con agua y cuézalas durante 15 minutos; añada los guisantes y continúe la cocción 3 minutos más.

Deshoje la menta y lávela. Mezcle suavemente con el minipimer las verduras con la crema de soja y la menta, sálelo todo ligeramente y cuélelo para retirar las fibras y la piel de los guisantes.

INFORMACIÓN
ADICIONAL
Las alcachofas poseen un gran poder detoxificante especialmente gracias a la presencia de ciertas fibras que contribuyen al equilibrio de la flora intestinal. También poseen propiedades anticancerosas y antioxidantes.

MUY
FÁCIL

Para 4 personas
15 min de preparación
12 min de cocción
Coste barato

CREMA DE RÁBANO NEGRO Y BERROS

1 rábano negro • 2 manojos de berros • 1 chalota • 1 diente de ajo • Sal

Olla • Minipimer

Lave el rábano negro, pélelo y córtelo en trozos. Corte los tallos de los berros y lave las hojas. Pele y pique el ajo y la chalota.

Meta el rábano negro, el ajo y la chalota en la olla y cúbralos con agua. Cuézalos 10 minutos y después añada las hojas de los berros, continúe la cocción durante 2 minutos más y mézclelo todo finamente con el minipimer. Rectifique la sal y sírvalo.

INFORMACIÓN
NUTRICIONAL

El rábano negro es particularmente interesante para detoxificar el hígado y estimular la vesícula biliar, lo que mejora el tránsito intestinal y favorece la eliminación de toxinas. También es rico en fibras y vitaminas del grupo B.

Para **4** personas
15 min de preparación
20 min de cocción
Coste medio

CREMA DE REMOLACHA Y MANZANA VERDE

500 g de remolacha cruda • 2 manzanas Granny Smith • 1 cebolla roja pequeña • 3 ramitas de estragón • Sal

Olla • Minipimer

Pele la remolacha y córtela en dados. Lave las manzanas y córtelas en trozos del mismo tamaño que los de la remolacha. Pele y pique la cebolla.

Meta la remolacha, las manzanas y la cebolla en la olla, cúbralas con agua y llévelas a ebullición. Continúe la cocción a fuego bajo durante 20 minutos. Cuando la remolacha esté bien cocida, mézclelo todo finamente con el minipimer junto con las hojas de estragón previamente lavadas y sale ligeramente. Sirva la crema caliente o fría.

FÁCIL Para 4 personas
15 min de preparación
20 min de cocción
Coste medio

CREMA DE COL Y CALABACÍN

¼ de col • 3 calabacines • 1 cebolla blanca • 5 ramitas de perejil • 2 cm de raíz de jengibre fresco • Sal

Olla • Rallador • Minipimer

Deshoje la col, lave las hojas y píquelas. Despunte los calabacines, lávelos y córtelos en trozos. Pele la cebolla y córtela en láminas finas; retire la piel del jengibre rascando con una cuchara, después rállelo.

Coloque la cebolla, el jengibre y la col en la olla, cúbralos con agua y cuézalos durante 15 minutos. Añada los calabacines y continúe la cocción 5 minutos más. Mézclelo todo con el minipimer, añada el perejil lavado y cortado en dados muy pequeños, una pizca de sal y sirva la crema caliente.

MUY FÁCIL

Para 4 personas
20 min de preparación
15 min de cocción
Coste barato

CREMA DE PUERROS AL CURRY

4 puerros • 2 patatas • 1 cebolla pequeña • 1 cucharada de curry amarillo en polvo
• 4 ramitas de albahaca • 1 puñado de germinados de puerro • Sal

Olla • Minipimer

Retire las primeras hojas de los puerros, corte los extremos, lávelos y córtelos en láminas finas. Pele las patatas y córtelas en dados. Pele la cebolla y píquela.

Coloque la cebolla y el curry en la olla con las patatas y los puerros. Cúbralos con agua y cuézalos durante 15 minutos. Mezcle la crema con la albahaca en el minipimer y añada una pizca de sal. Sirva la sopa caliente con algunos germinados de puerro.

INFORMACIÓN
NUTRICIONAL
La parte verde del
puerro es más rica
en fibras, vitaminas
y antioxidantes que la
parte blanca. Así que no
tire las hojas más verdes
y guárdelas para preparar
un caldo de verduras
variadas.

FÁCIL Para 4 personas
15 min de preparación
2 min de cocción
Coste medio

SOPA DE TOMATES CRUDOS EN GAZPACHO

2 tomates amarillos • 2 tomates corazón de buey • El zumo de 1 naranja • 1 cebolla tierna
• 1 diente de ajo • 2 ramitas de albahaca • 50 ml de vinagre de sidra • 1 cucharada de aceite
de oliva • Sal

Cazo • Minipimer

Caliente agua en el cazo, después sumerja los tomates en el agua hirviendo 30 segundos.
Retire la piel de los tomates y corte la pulpa en trozos. Lave la cebolla y píquela. Pele el
ajo, quite el germen si es necesario, y cháfelo.

Mezcle con el minipimer la pulpa de los tomates, el zumo de naranja, el vinagre, la cebolla,
el ajo, las hojas de albahaca lavadas y secadas y el aceite de oliva. Sale ligeramente la
sopa y resérvela en la nevera hasta el momento de servirla.

INFORMACIÓN
NUTRICIONAL
Los tomates contienen
un potente tipo de
antioxidante que protege
el corazón y los vasos
sanguíneos, e incluso
previene la aparición de
ciertos cánceres. Son
pobres en calorías y ricos
en agua.

GAZPACHO DE PEPINOS Y TOMATES VERDES CON TARTAR DE ALGAS

2 pepinos • 2 tomates verdes • 1 cebolla tierna • El zumo de 1 limón • 1 cucharada de aceite de oliva • 50 ml de vinagre balsámico blanco • 1 pizca de sal

50 g de alga dulse salvaje • 1 cucharada de algas deshidratadas • 2 pepinillos pequeños • 1 cucharadita de alcaparras • El zumo de ½ limón • 1 cebolla tierna • 1 diente de ajo • 1 cucharadita de aceite de oliva

Batidora americana • Cazo

Primero prepare el tartar. Lave y pique la cebolla. Sumerja las algas dulse en agua durante 5 minutos para desalarlas. Escúrralas y después córtelas. Deposítelas en el vaso de la batidora con las algas deshidratadas, los pepinillos, las alcaparras, el zumo de limón, el aceite de oliva, el diente de ajo pelado y sin el germen y la cebolla. Mézclelo todo con la batidora y resérvelo en la nevera.

Pele los pepinos, córtelos a lo largo por la mitad y retire el corazón. Lave la cebolla y córtela en láminas finas. Caliente agua en el cazo y cuando hierva sumerja en ella los tomates 30 segundos. Pélelos y corte la pulpa en trozos. Coloque los pepinos, la cebolla, el zumo de limón, los tomates, el aceite de oliva y el vinagre en el vaso de la batidora y mézclelo. Verifique la sazón y resérvelo en la nevera hasta el momento de servirlo junto al tartar.

FÁCIL

Para 4 personas
15 min de preparación
25 min de cocción
Coste medio

CREMA DE APIO, PEREJIL Y LECHE DE AVELLANAS

800 g de apionabo • 1 rama de apio • ½ cebolla blanca • 6 ramitas de perejil común
• 200 ml de leche de avellanas • 1 cucharada de aceite de oliva • Unas cuantas avellanas
• Sal

Olla • Minipimer

Pele el apionabo y córtelo en trozos. Lave la rama de apio y córtela en láminas finas. Pele y pique la cebolla. Coloque la rama de apio, la cebolla y los trozos de apionabo en la olla y cuézalos durante algunos minutos. Cúbralos con agua y con la leche de avellanas y continúe la cocción durante 15 minutos.

Mezcle los ingredientes cocinados con la mitad de las hojas de perejil común con el minipimer. Rectifique la sazón. Justo antes de servir, pique el resto del perejil, mézclelo con el aceite de oliva y dos cucharadas de agua, sálelo ligeramente y sírvalo con la sopa y algunas avellanas trituradas.

FÁCIL

Para 4 personas
15 min de preparación
15 min de cocción
Coste medio

SOPA DE CALABAZA
Y QUINOA

600 g de calabaza Potimarrón o Hokkaido • 2 hojas de col rizada • 1 cebolla pequeña
• 1 diente de ajo • 200 g de quinoa • 1 cubito de caldo de verduras • 1 pizca de pimienta
en polvo • 1 pizca de comino en polvo • 1 pizca de cilantro en polvo • Sal

Olla

Lave y corte la pulpa de la calabaza en dados. Lave las hojas de la col rizada y píquelas después de haberles quitado el nervio central (véase técnica en la p. 21). Pele y pique la cebolla y el ajo.

Coloque en la olla las verduras y el cubito de caldo, cúbralos con agua, añada la quinoa y llévelo a ebullición. Cuézalo alrededor de 10 minutos hasta que la quinoa y las verduras estén hechas. Sale la sopa ligeramente y condiméntela con la pimienta, el comino y el cilantro.

INFORMACIÓN
NUTRICIONAL
La quinoa es un pseudocereal rico en fibras, proteínas, hierro y oligoelementos con poderes antioxidantes. No contiene gluten, lo que la hace más digestiva que el trigo.

88

ROLLITOS DE PRIMAVERA CON BROTES TIERNOS

8 hojas de papel de arroz para rollitos de primavera • 2 zanahorias • 1 calabacín pequeño • 1 hinojo pequeño • 1 pepino pequeño • 8 rábanos rosas • ½ manojo de cilantro • 100 g de brotes tiernos mezclados • 1 cucharada de pipas de calabaza peladas • 1 cucharada de germinados

• 1 cucharadita de salsa de soja • 1 cucharadita de aceite de sésamo • 1 cucharadita de zumo de lima • 1 tallo de citronela

Prepare la salsa. Pique la citronela. Mezcle los ingredientes de la salsa con tres cucharadas de agua, añada la citronela, remueva todo y déjelo reposar.

Pele las verduras, lávelas si es necesario y córtelas en juliana fina. Sumerja una primera hoja de papel de arroz en un plato con agua caliente, colóquela en una superficie limpia y lisa, y después coloque el relleno de verduras y las hojas de cilantro en un lado. Enrolle la hoja de arroz sobre sí misma doblando los lados para que el relleno no se salga. Haga lo mismo con el resto de las hojas de arroz y del relleno de verduras hasta que ambos se terminen. Lave y escurra los brotes tiernos.

Distribuya en los platos los brotes tiernos y los rollitos de primavera cortados por la mitad, y esparza por encima las pipas de calabaza peladas y los germinados. Sírvalos con la salsa filtrada.

CARPACCIO DE RÁBANO NEGRO CON HIGOS, ALMENDRAS Y QUESO COTTAGE

1 rábano negro • 8 higos negros • 1 cucharada de almendras enteras • 100 g de queso cottage • 2 cucharadas de aceite de oliva • 1 limón • 1 naranja • ½ cucharada de semillas de anís verde

Mandolina • Exprimidor

Exprima la naranja y el limón y mezcle sus zumos con el aceite de oliva. Añada el anís, mézclelo y resérvelo. Pele el rábano negro y córtelo en láminas muy finas con la ayuda de una mandolina. Lave los higos y córtelos en cuartos. Triture las almendras.

Distribuya de manera atractiva en los platos el carpaccio de rábano negro, los trozos de higo, el queso cottage y las almendras trituradas. Sirva el plato con la vinagreta a la naranja-anís que ha preparado al principio.

INFORMACIÓN NUTRICIONAL

El higo negro es una excelente fuente de fibras que permiten regular el tránsito intestinal. También contiene numerosos compuestos antioxidantes concentrados esencialmente en su piel. Así que, ¡evite pelarlos!

ALCACHOFAS CON RÚCULA, ALBAHACA Y LIMÓN CONFITADO

8 alcachofas • 2 limones • ½ limón confitado • 100 g de nata espesa de soja para cocinar (en la sección de refrigerados de los supermercados bio) • 50 g de rucúla • ½ manojo de albahaca • 2 cucharadas de aceite de oliva • Pimienta

Minipimer • Exprimidor

Retire las hojas más duras de las alcachofas y corte la parte de arriba dejando dos tercios (véase técnica en la p. 20). Exprima un limón y mezcle el zumo con 1 litro de agua en una ensaladera. Corte las alcachofas por la mitad y sumérjalas en el agua con limón.

Mezcle el zumo del otro limón con el limón confitado, las hojas de albahaca (reserve algunas para la decoración) y la nata espesa de soja para cocinar. Escurra las alcachofas y córtelas en láminas finas. Distribúyalas en los platos, añada la rúcula, algunas hojas de albahaca y rocíelo todo con un poco de salsa. Riéguelo con un ligero hilo de aceite de oliva, sazone todo con pimienta y deguste el plato.

FÁCIL

Para 4 personas
15 min de preparación
10 min de cocción
Coste medio

REMOLACHAS AL VAPOR CON ALCAPARRAS Y BERROS

2 remolachas amarillas • 2 remolachas Chioggia • 2 remolachas rojas • 1 cucharada de alcaparras • El zumo de 1 limón • 4 ramitas de perejil • 1 cebolla tierna • 2 cucharadas de aceite de nueces • 1 puñado de pamplina (opcional)

Vaporera

Pele las remolachas, córtelas en ocho trozos y cuézalas al vapor durante 10 minutos. Mientras tanto, lave la pamplina si desea utilizarla y escúrrala. Pique las alcaparras, lave el perejil y la cebolla y córtelos en dados muy pequeños. Mezcle el zumo de limón, el perejil, las alcaparras, la cebolla y el aceite de nueces.

Cuando las remolachas estén cocidas, distribúyalas en los platos, decórelas con la pamplina y sírvalas con la salsa de alcaparras.

Para 4 personas
15 min de preparación
12 min de cocción
Coste medio

ENSALADA DE ALGAS, PEPINO Y QUINOA

240 g de quinoa • 1 pepino • 50 g de algas frescas • 1 racimo pequeño de uvas blancas

*1 cucharadita de espirulina en polvo • 2 cucharadas de vinagre de arroz
• 1 cucharada de salsa de soja • 2 cucharadas de aceite de colza • 1 cucharadita
de semillas de sésamo negro*

Colador • Cazo

Aclare la quinoa sumergiéndola dos veces en una gran cantidad de agua. Después depositéla en un cazo, cúbrala con agua fría y llévela a ebullición. Cuézala durante aproximadamente 12 minutos, hasta que la quinoa se abra.

Pele el pepino, despepítelo y córtelo en pequeños dados. Desgrane el racimo de uvas y aclare los granos. Enjuague las algas en un bol con agua y repita la operación dos veces. Píquelas.

Elabore la salsa mezclando la espirulina con el vinagre de arroz, la salsa de soja, el aceite de colza y el sésamo. Escurra la quinoa y distribúyala en los platos. Añada la ensalada de algas, el pepino y las uvas, mézclelo todo y sírvalo con la salsa de espirulina.

INFORMACIÓN NUTRICIONAL
Las algas contienen grandes cantidades de compuestos antioxidantes, lo que les confiere propiedades anticancerosas. También son muy ricas en proteínas, fibras, vitaminas y minerales: vitaminas A, B, C, hierro, cobre, magnesio... ¡un concentrado de vitalidad!

FÁCIL

Para 4 personas
15 min de preparación
10 min de cocción
Coste medio

ENSALADA DE BRÓCOLI, COLIFLOR Y PEPINO CON SALSA VIRGEN DE MANGO

¼ de coliflor morada • 1 pepino • 1 brócoli • 50 g de brotes de espinacas

6 tomates cherry • 1 chalota • ¼ de mango verde • 1 guindilla pequeña • 6 ramitas de cebollino • 1 cucharadita de vinagre de vino blanco • 2 cucharadas de aceite de oliva

Vaporera • Mandolina

Lave el brócoli y la coliflor y separe los cogollos. Cuézalos al vapor durante 10 minutos.

Prepare la salsa. Lave los tomates cherry y córtelos en pequeños dados. Pele la chalota y píquela. Pele el mango y córtelo en dados muy pequeños. Lave la guindilla y píquela. Mezcle el cebollino picado con todos los ingredientes de la salsa y una cucharada de agua. Resérvela.

Lave el pepino y, con la ayuda de la mandolina, córtelo en finas láminas sin pelar. Distribuya todas las verduras y los brotes de espinacas en los platos. Sírvalo con la salsa de mango.

FÁCIL
Para 4 personas
10 min de preparación
20 min de cocción
Coste medio

ENSALADA DE BERENJENAS CON TRIGO SARRACENO Y RÚCULA

2 berenjenas pequeñas • 1 cucharada de miso rojo • 1 cucharada de salsa de soja
• 1 cucharada de vinagre de arroz • 2 cm de raíz de jengibre fresco • 2 dientes de ajo
• 1 guindilla pequeña • 200 g de trigo sarraceno • 50 g de rúcula • 10 ramitas de cilantro
• Algunas ramitas de albahaca morada (opcionales)

Rallador • Pincel de cocina • Cazo

Precaliente el horno a 180 °C (potencia 6). Mezcle el miso con el vinagre de arroz, la salsa de soja, el jengibre rallado, los ajos chafados y la guindilla picada.

Corte las berenjenas a lo largo en cuatro trozos, cuadricule la superficie de la pulpa con un cuchillo y píntelas con la mezcla de miso. Colóquelas sobre una bandeja y cocínelas en el horno durante 20 minutos.

Mientras tanto, cueza el trigo sarraceno como se indica en el paquete y resérvelo. Lave y pique el cilantro y mézclelo con el trigo sarraceno escurrido. Sirva las berenjenas con la rúcula y el trigo sarraceno, decoradas con algunas hojas de albahaca morada.

INFORMACIÓN NUTRICIONAL
El trigo sarraceno, también llamado «trigo negro» o «alforfón», no contiene gluten. Es muy digestivo, rico en fibras y su poder antioxidante es mucho más elevado que el de otros cereales como el trigo o el centeno.

FÁCIL

Para 4 personas
15 min de preparación
20 min de cocción
1 h de reposo
Coste medio

ENSALADA DE COL RIZADA Y BULGUR CON FRAMBUESAS Y PISTACHOS

400 g de col rizada • 200 g de bulgur • 200 g de frambuesas • 1 cucharada de pistachos • El zumo de 1 limón • 1 cucharada de vinagre balsámico blanco • 2 cucharadas de aceite de oliva • Sal

Lave las hojas de col rizada, retire el nervio central para guardar solo la parte más tierna de las hojas (véase técnica en la p. 21). Córtelas bastamente, colóquelas en una ensaladera, riéguelas con el zumo de limón, el aceite de oliva y el vinagre. Añada una pizca de sal. Masajee cuidadosamente las hojas con sus manos durante 3 minutos. Después, deje reposar la ensalada durante 1 hora.

Mientras tanto, cueza el bulgur como se indica en el paquete, escúrralo y sálelo ligeramente. Triture los pistachos y mézclelos con el bulgur y las frambuesas. Cuando la col rizada esté bien macerada, mézclela con el bulgur y sírvalo.

FÁCIL
Para 4 personas
15 min de preparación
5 min de cocción
Coste medio

ENSALADA DE RÁBANOS CON CÍTRICOS Y ARÁNDANOS ROJOS

1 rábano negro • ½ manojo de rábanos rosas • 1 naranja • 1 pomelo • Algunas grosellas • 1 cucharada de arándanos rojos • 100 ml de zumo de arándanos rojos • 2 cucharadas de aceite de oliva • Algunas ramitas de perifollo

Mandolina • Cazo pequeño

Lave el rábano negro y los rábanos rosas, y córtelos en rodajas finas. Pele la naranja y el pomelo, y extraiga los gajos.

Prepare la salsa. Vierta el zumo de arándano rojo en el cazo pequeño y deje que se reduzca a fuego bajo durante algunos minutos. Mézclelo con el aceite de oliva.

Distribuya el rábano y los gajos en los platos, esparza los arándanos y las grosellas por encima, decórelo todo con una ramita de perifollo y sírvalo con la salsa.

INFORMACIÓN NUTRICIONAL
El arándano rojo está considerado hoy en día como la fruta con el poder antioxidante más elevado. Su consumo permite prevenir de manera especialmente eficaz las infecciones de orina.

FÁCIL

Para 4 personas
20 min de preparación
20 min de cocción
30 min en adobo
Coste medio

ENSALADA DE ARROZ INTEGRAL CON SALMÓN Y VERDURAS

300 g de filete de salmón • 200 g de arroz integral • 200 g de guisantes desgranados
• 200 g de tirabeques • 8 espárragos • El zumo de 1 limón • 1 cm de raíz de jengibre fresco
• 1 cucharada de aceite de oliva • 1 puñado de germinados de puerro • 4 ramitas de cilantro

Exprimidor • Rallador • Cazo • Colador • Vaporera

Corte el salmón en lonchas muy finas, riéguelas con zumo de limón mezclado con jengibre rallado y aceite de oliva. Déjelas marinar durante 30 minutos en la nevera.

Mientras tanto, cueza el arroz como se indica en el paquete. Páselo por agua fría y escúrralo. Lave los guisantes, los espárragos cortados en trozos y los tirabeques y cuézalos al vapor durante 5 minutos.

Sirva el salmón marinado con el arroz y las verduras verdes. Decórelo por encima con los germinados y el cilantro picado.

PLATOS
PRINCIPALES

FÁCIL

Para 4 personas
15 min de preparación
8 min de cocción
Cocido fresco

GAMBAS AL CURRY CON COL Y LECHE DE COCO

*16 gambas crudas • ½ col • 2 cebollas tiernas • 1 cm de raíz de jengibre
fresco • 4 cucharadas de leche de coco • 1 pizca de pimienta de cayena
• 2 cucharaditas de curry • 4 ramitas de cilantro • El zumo de ½ lima • Sal*

Vaporera • Papel sulfurizado

Separe las hojas de la col y lávelas una por una. Retire los nervios centrales y córtelas bastamente. Lave las cebollas tiernas y córtelas en láminas finas. Pele las gambas y haga una incisión en la parte posterior para eliminar el intestino. Cueza la col y las cebollas al vapor durante 5 minutos con el trozo de jengibre en el agua para perfumarlas.

Saque las hojas de col. En su lugar, coloque en el recipiente de la vaporera, forrado con papel sulfurizado, las gambas con un poco de curry espolvoreado por encima y cuézalas durante 3 minutos.

Prepare una salsa mezclando la leche de coco con la pimienta de cayena, el zumo de lima y un poco de curry; sálela ligeramente. Lave las hojas de cilantro y píquelas finamente. Sirva la col con las gambas, el cilantro y la salsa de leche de coco.

FÁCIL

Para 4 personas
15 min de preparación
10 min en adobo
8 min de cocción
Coste medio

CONEJO A LA MOSTAZA CON ZANAHORIAS DE COLORES

*600 g de filetes de lomo de conejo • 10 zanahorias de colores • 8 ramitas de estragón
• 4 cucharadas de nata de soja para cocinar • 2 cucharadas de mostaza • 1 cucharada
de semillas de mostaza • 1 cucharadita de sirope de arce • 2 cucharadas de aceite de oliva
• Pimienta • Algunas flores de hinojo (opcional)*

Vaporera

Marine los filetes de conejo con la mitad del estragón y el aceite de oliva durante
10 minutos. Pele las zanahorias y córtelas a lo largo por la mitad. Coloque las zanahorias
y los filetes de conejo en el recipiente de la vaporera, esparza semillas de mostaza por
encima y dos ramitas de estragón, cierre la tapa y cuézalo todo al vapor durante 8 minutos.

Mientras tanto, mezcle la nata de soja para cocinar con la mostaza y el sirope de arce, y
compruebe la sazón. Coloque las zanahorias y los filetes de conejo cortados por la mitad
en los platos, decórelos con algunas ramitas de estragón y flores de hinojo y sírvalos con
la salsa.

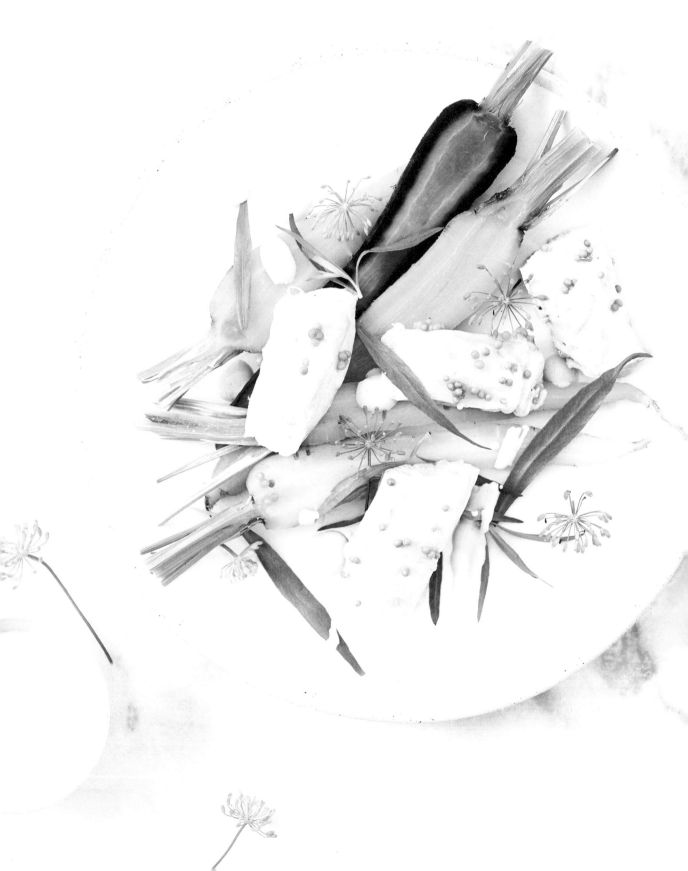

Para **4** personas
15 min de preparación
5 min de cocción
20 min en adobo
Coste medio

FÁCIL

VERDURAS Y TOFU CON ESPECIAS Y HIERBAS AROMÁTICAS

300 g de tofu natural • 1 puerro • 1 calabacín • 2 tomates verdes • 100 g de tirabeques • 2 ramitas de perifollo • 2 ramitas de cilantro • 2 ramitas de cebollino • 2 ramitas de menta • 1 cucharadita de garam masala • 1 cucharada de salsa de soja • 1 cucharada de aceite de oliva • Sal, pimienta

Vaporera

Lave las hierbas y córtelas en dados muy pequeños. Corte el tofu en dados y colóquelos en un bol. Mézclelo con las hierbas, el garam masala y la salsa de soja. Déjelo marinar todo 20 minutos.

Lave las verduras. Corte los extremos del puerro y retire las primeras hojas. Córtelo en rodajas. Corte el calabacín en rodajas finas y los tomates en cuartos. Cueza al vapor los tirabeques y las rodajas de puerro durante 5 minutos con el tofu marinado. Sirva las verduras cocidas y las crudas con el tofu, salpiméntelo todo ligeramente y saboréelo con un hilo de aceite de oliva.

INFORMACIÓN NUTRICIONAL
Rico en proteínas de buena calidad, el tofu es una excelente alternativa a la carne y al pescado. Sus grasas insaturadas contribuyen a la protección cardiovascular. También es una buena fuente de calcio y de magnesio.

FÁCIL

Para **4** personas
15 min de preparación
15 min de cocción
20 min en adobo
Coste medio

PAVO A LA SALVIA CON CALABAZA BUTTERNUT

400 g de calabaza Butternut o Cacahuete • 400 g de pechuga de pavo • 2 cebollas tiernas • 4 ramitas de salvia • 2 cucharadas de aceite de nueces • 1 pizca de nuez moscada • Sal

Papel sulfurizado

Corte la pechuga de pavo en trozos, colóquelos en un plato con el aceite de nueces, la nuez moscada y las hojas de salvia. Mézclelo todo y déjelo marinar durante 20 minutos.

Precaliente el horno a 200 °C (potencia 6-7). Pele la calabaza y córtela en láminas finas. Lave las cebollas y córtelas a lo largo por la mitad.

Prepare cuatro cuadrados grandes de papel sulfurizado (véase técnica en la p. 22). Distribuya la calabaza y los trozos de cebolla en las papillotes; sálelo todo ligeramente. Coloque los trozos de pavo y el adobo por encima. Cierre las papillotes y hornéelas durante 15 minutos.

FÁCIL

Para **4** personas
10 min de preparación
15 min de cocción
20 min en adobo
Coste medio

SALMÓN MARINADO CON VERDURAS Y LIMÓN

400 g de filete de salmón • El zumo de 1 limón • 1 cucharada de aceite de oliva • 1 cucharada de aceite de sésamo • 1 cucharada de salsa de soja • 4 espárragos • 200 g de judías verdes • 200 g de guisantes desgranados • 100 g de espinacas • 2 ramas de apio • 2 cebolletas

Papel sulfurizado

Corte el salmón en trozos y marínelo durante 20 minutos con el zumo de limón, el aceite de oliva, el aceite de sésamo y la salsa de soja. Precaliente el horno a 200 °C (potencia 6-7).

Lave todas las verduras. Quite el extremo duro de los espárragos y córtelos en láminas finas. Despunte las judías verdes, corte en láminas finas el apio y escurra las hojas de espinacas.

Prepare cuatro cuadrados grandes de papel sulfurizado (véase técnica en la p. 22). Distribuya las hojas de espinacas y las verduras en las papillotes, añada los trozos de salmón, la cebolleta cortada en dados pequeños y el adobo. Cierre las papillotes y hornéelas durante 15 minutos.

INFORMACIÓN NUTRICIONAL

El salmón contiene ácidos grasos de la familia de los omega 3 que el organismo es incapaz de sintetizar. Los omega 3 contribuyen en la salud cardiovascular, y en el buen funcionamiento de los sistemas inmunitario y hormonal.

FÁCIL

Para **4** personas
15 min de preparación
15 min de cocción
20 min en adobo
Coste medio

CABALLA MARINADA CON PUERROS Y RÁBANOS

8 filetes de caballa • 1 rábano negro • 1 puerro • 4 ramitas de cebollino • 1 cucharada de pasta de miso • 2 cucharadas de vinagre de arroz • 1 cucharada de salsa de soja

Papel sulfurizado

Mezcle el miso con el vinagre de arroz, la salsa de soja y una cucharada de agua. Coloque los filetes de caballa en un plato poco profundo y cúbralos con el adobo. Déjelos marinar durante 20 minutos. Precaliente el horno a 200 ºC (potencia 6-7).

Prepare cuatro cuadrados grandes de papel sulfurizado (véase técnica en la p. 22). Lave el rábano negro y el puerro. Corte el rábano negro en rodajas muy finas y el puerro a lo largo. Colóquelos en las papillotes y añada por encima los filetes de pescado y el adobo. Esparza cebollino picado muy fino, añada una cucharada de agua en cada papillote, ciérrelas y hornéelas durante 15 minutos.

FÁCIL

Para **4** personas
15 min de preparación
15 min de cocción
20 min en adobo
Coste medio

PESCADO BLANCO CON POMELO, BERROS Y ZANAHORIA

4 supremas de pescado (merluza, por ejemplo) • 1 manojo de berros • 2 zanahorias
• 1 pomelo • 1 pizca de canela en polvo • 2 ramitas de menta • 2 cucharadas de aceite
de oliva • Sal, pimienta

Vaporera • Papel sulfurizado

Prepare el adobo con el aceite de oliva, la canela y las ramitas de menta y marine con él las supremas de pescado durante 20 minutos.

Lave los berros y escúrralos. Pele las zanahorias y córtelas en rodajas. Pele el pomelo y extraiga los gajos. Coloque las zanahorias en el recipiente de la vaporera y cuézalas durante 5 minutos. Retírelas.

Coloque las supremas de pescado marinadas en el recipiente de la vaporera forrado con papel sulfurizado y cuézalas durante 10 minutos. Sirva las zanahorias con las supremas de pescado, los berros y los gajos de pomelo, y aderécelo con un hilo de aceite de oliva y una pizca de sal y pimienta.

INFORMACIÓN
NUTRICIONAL
Los berros son ricos en calcio y en sustancias antioxidantes: carotenos, vitaminas C y E. También contienen un compuesto específico que protege los ojos de cataratas y degeneración macular.

FÁCIL
Para **4** personas
15 min de preparación
15 min de cocción
20 min en adobo
Coste medio

POLLO A LA CREMA LIGERA DE RÁBANO PICANTE

4 pechugas pequeñas de pollo • 400 g de apionabo • 2 ramas de apio • 1 cucharada de nueces sin cáscara • 3 ramitas de perejil • 1 cucharada de aceite de nueces • 1 cucharada de pasta de rábano picante • 3 cucharadas de nata de soja para cocinar • Sal, pimienta

Minipimer • Papel sulfurizado

Mezcle con el minipimer las hojas de perejil con la nata de soja para cocinar y la pasta de rábano picante. Corte el pollo en láminas finas y marínelo con la mezcla que acaba de preparar junto con el aceite de nueces durante aproximadamente 20 minutos.

Precaliente el horno a 200 °C (potencia 6-7). Pele el apionabo y córtelo en pequeños dados. Lave las ramas de apio y píquelas. Triture las nueces. Mezcle los dos tipos de apio y las nueces.

Prepare cuatro cuadrados grandes de papel sulfurizado (véase técnica en la p. 22). Distribuya encima la mezcla de apio y nueces, salpimiéntelo todo ligeramente, y después coloque encima los trozos de pollo y el adobo. Añada una cucharada de agua en cada papillote y ciérrelas. Hornéelas durante 15 minutos.

FÁCIL

Para **4** personas
15 min de preparación
15 min de cocción
20 min en adobo
Coste caro

VIEIRAS CON ESPINACAS Y CEBOLLAS TIERNAS

16 vieiras • 2 cebollas tiernas • 300 g de espinacas • 2 cucharadas de aceite de oliva • El zumo de 1 limón • 1 pizca de cúrcuma • Sal

Papel absorbente • Papel sulfurizado

Lave las vieiras y séquelas con papel absorbente. Colóquelas en un plato, riéguelas con el aceite de oliva, el zumo de limón y una pizca de cúrcuma. Déjelas marinar durante 20 minutos. Precaliente el horno a 180 °C (potencia 6).

Prepare cuatro cuadrados grandes de papel sulfurizado (véase técnica en la p. 22). Lave las espinacas, escúrralas y repártalas en las papillotes. Corte una cebolla tierna en rodajas finas y la otra por la mitad, y colóquelas sobre las hojas de espinacas. Añada las vieiras y el adobo, y cierre las papillotes. Hornéelas durante 15 minutos. Sírvalas con una pizca de sal.

INFORMACIÓN NUTRICIONAL

Las espinacas son particularmente laxantes gracias a su riqueza en fibras. También contienen una gran cantidad de hierro, magnesio antiestrés, vitaminas A y B9, así como numerosas sustancias antioxidantes.

Para **4** personas
15 min de preparación
25 min de cocción
10 min en adobo
Coste medio

POLLO AL ZA'ATAR CON COLIFLOR, TUPINAMBO Y GRANADA

4 pechugas pequeñas de pollo • 1 cucharada de za'atar (mezcla de especias libanesas) • ½ limón • ½ coliflor amarilla (o blanca) • 200 g de tupinambos • 1 pimiento amarillo • 1 cucharadita de miel • ¼ de granada • ½ manojo de perejil • 1 cucharadita de semillas de sésamo, más unas cuantas más para decorar • 4 ramitas de tomillo • 2 cucharadas de aceite de oliva • Sal

Vaporera • Papel sulfurizado • Rallador

Precaliente el horno a 200 °C (potencia 6-7) y hornee el pimiento entero durante 25 minutos dándole la vuelta regularmente.

Cubra las pechugas de pollo con el za'atar, la corteza rallada del limón y el zumo de medio limón y déjelas marinar durante 10 minutos. Mientras tanto, separe los cogollos de la coliflor y lávelos. Pele los tupinambos.

Cuando el pimiento amarillo esté bien dorado por todas partes, sáquelo del horno y métalo en una bolsa de plástico. Cierre la bolsa y espere algunos minutos: el pimiento se pelará más fácilmente.

Cocine las verduras al vapor. Empiece por cocinar los tupinambos durante 5 minutos, después añada la coliflor y continúe la cocción otros 5 minutos más. Retire las verduras de la vaporera, forre el fondo del recipiente con papel sulfurizado y coloque las pechugas de pollo con el adobo. Ponga algunas ramitas de tomillo por encima, cierre la vaporera y cuézalas de 8 a 10 minutos dándoles la vuelta a media cocción.

Mientras tanto, mezcle las hojas de perejil con el sésamo, una cucharada de aceite de oliva y dos cucharadas de agua. Sale la mezcla ligeramente. Pele el pimiento y mezcle su pulpa con la miel y una cucharada de aceite de oliva.

Sirva las verduras con las pechugas de pollo cortadas en trozos y las dos salsas. Esparza granos de granada y semillas de sésamo por encima.

FÁCIL
Para **4** personas
20 min de preparación
5 min de cocción
Coste medio

MEJILLONES AL ANÍS Y ESPÁRRAGOS CON SALSA DE ESTRAGÓN

500 g de mejillones • 20 espárragos verdes • 1 chalota • 1 diente de ajo • 1 limón • ½ ramillete de estragón • 1 cucharadita de semillas de anís verde • 150 ml de nata de soja para cocinar • 50 ml de leche de coco • 1 cucharada de aceite de oliva • Sal

Vaporera • Cazo • Rallador

Limpie los mejillones: retire los filamentos que salen de las conchas y frótelas; luego tire los mejillones cuyas conchas estén rotas. Lave los espárragos, quite el extremo duro (la parte más fibrosa) y después córtelos a lo largo por la mitad.

Pele el ajo y la chalota y píquelos. Vierta en el cazo la cucharada de aceite, el anís, el ajo y la chalota y cocínelo todo durante 3 minutos. Añada los mejillones, un vaso pequeño de agua, cúbralo y cocínelo durante 5 minutos removiendo una o dos veces. Mientras tanto, cueza los espárragos al vapor durante 5 minutos.

Mezcle la nata de soja para cocinar y la leche de coco con las hojas de estragón, sale ligeramente la mezcla y resérvela.

Reparta los espárragos en los platos, ralle la piel de limón por encima, sálelos ligeramente y coloque los mejillones al lado. Sirva todo con la salsa de estragón.

INFORMACIÓN
NUTRICIONAL
Los espárragos contienen compuestos de azufre que, cuando se eliminan, aromatizan la orina. Este fenómeno no es tóxico en absoluto. También son diuréticos gracias a su gran contenido en potasio.

FÁCIL
Para 4 personas
20 min de preparación
20 min de congelación
Coste medio

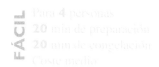

CEVICHE DE PESCADO CON GROSELLAS Y APIO

600 g de filete de pescado blanco sin piel • 5 limas • ½ limón • 1 guindilla pequeña
• 1 cebolla roja • 1 diente de ajo • 4 ramitas de cilantro • Algunos racimos de grosellas
• 1 rama de apio • 1 aguacate • Algunos brotes de ensalada • 2 cucharadas de nata
de soja para cocinar • 6 cucharadas de caldo de pescado • 1 cucharadita de copos
de algas • 1 cucharadita de sal

Exprimidor • Colador

Coloque el filete de pescado en el congelador durante 20 minutos. De esta manera lo podrá cortar más fácilmente.

Exprima las limas y cuele el zumo. Corte la guindilla y el ajo en láminas finas y pique las hojas de cilantro. Pele la cebolla y córtela en láminas muy finas. Desgrane las grosellas y corte el apio en láminas finas. Pele el aguacate, deshuéselo y corte la pulpa en dados; luego frótela con medio limón.

Verifique que el pescado no tiene espinas y córtelo en dados. Mezcle el pescado con el zumo de lima y la sal. Déjelo reposar 1 minuto y después añada el caldo de pescado, la nata de soja para cocinar, la guindilla, el ajo, el cilantro y la cebolla. Mézclelo y déjelo reposar 1 minuto. Añada las grosellas, el apio, los copos de algas y el aguacate, y mézclelo de nuevo. Sírvalo enseguida con una ensalada de brotes.

FÁCIL

Para **4** personas
30 min de preparación
15 min de cocción
1 h en remojo
Coste medio

ALCACHOFAS Y BERBERECHOS CON VINAGRETA DE CÍTRICOS

8 alcachofas • 400 g de berberechos • 3 naranjas • 2 limones • 1 lima • 3 ramitas de albahaca • 1 cucharada de vinagre balsámico blanco • 2 cucharadas de aceite de oliva

Vaporera • Olla • Exprimidor

Remoje los berberechos en agua durante 1 hora; vaya cambiando el agua regularmente.

Prepare las alcachofas (véase técnica en la p. 20): rompa el tallo de un golpe seco con la mano, corte la parte de arriba de las hojas, retire las hojas más duras del contorno y después córtelas con un cuchillo hasta llegar al corazón. Entonces corte las alcachofas por la mitad y retire la pelusilla. Cuézalas al vapor durante 15 minutos con agua mezclada con el zumo de medio limón.

Mientras tanto, en la olla tapada, cueza los berberechos con un pequeño fondo de agua y la ralladura de la piel de los limones y de dos naranjas hasta que los berberechos se abran. Pele hasta la pulpa esas dos naranjas y extraiga los gajos. Exprima los limones, la lima y la última naranja, y mezcle el zumo con el vinagre y el aceite de oliva. Sirva las alcachofas con los berberechos y la vinagreta de cítricos, y decórelo todo con hojas de albahaca.

INFORMACIÓN NUTRICIONAL

Los berberechos son ricos en fósforo, zinc y hierro, que permiten reforzar el sistema inmunitario y combatir eficazmente la fatiga. El limón aporta vitamina C y posee un poder antiséptico y alcalinizante.

FÁCIL

Para **4** personas
15 min de preparación
8 min de cocción
10 min en adobo
Coste medio

BROCCOLINIS Y TOFU CON SALSA DE AJO Y LIMÓN

800 g de broccolinis o bimi (en su defecto, brócoli normal) • 300 g de tofu
• ½ manojo de cilantro • 100 g de nata espesa de soja para cocinar (en la sección
de refrigerados de los supermercados bio) • 1 limón confitado pequeño o ½ • 1 ½ limón
• 1 diente de ajo • 1 cucharada de piñones

Vaporera • Minipimer • Exprimidor • Rallador

Corte el tofu en lonchas y marínelas con el zumo y la ralladura de piel de medio limón durante 10 minutos. Escurra el tofu y recoja el zumo de limón. Resérvelos.

Lave los broccolinis y corte el extremo de sus tallos. Cuézalos al vapor con algunas ramitas de cilantro y con el tofu durante 8 minutos. Pele el ajo.

Mezcle con el minipimer la nata de soja para cocinar con el limón confitado, el ajo y el zumo de limón reservado. Ralle la piel del último limón, pélelo hasta la pulpa y extraiga los gajos. Sirva los broccolinis con el tofu, los gajos y la ralladura de limón, los piñones, el resto del cilantro picado y la salsa de limón confitado.

INFORMACIÓN
NUTRICIONAL
La nata de soja para cocinar reemplaza la nata para cocinar clásica sin aportar colesterol. Sus grasas son mayoritariamente insaturadas, lo que refuerza la protección cardiovascular. También es más digestiva que la nata líquida común.

FÁCIL

Para **4** personas
10 min de preparación
10 min de cocción
10 min en adobo
Coste medio

PESCADO BLANCO, NECTARINA Y TOMATES CON PESTO DE CILANTRO

4 supremas de bacalao fresco (u otro pescado blanco) • 4 tomates amarillos • 1 nectarina • 1 limón • Algunas semillas de cilantro • ½ manojo de cilantro • 1 cucharada de pipas de calabaza peladas, más unas cuantas para decorar • 1 diente de ajo • 2 cucharadas de aceite de oliva • Algunas aceitunas • Pimentón • Sal, pimienta

Rallador • Papel sulfurizado • Vaporera • Minipimer

Lave la nectarina y los tomates, y córtelos en trozos. Ralle la piel del limón y exprímalo; marine el pescado con el zumo durante 10 minutos.

Ponga una hoja de papel sulfurizado en el fondo del recipiente de la vaporera, coloque los tomates y cuézalos durante 3 minutos. Retírelos y resérvelos. Coloque las supremas de pescado en el mismo recipiente de la vaporera forrado con papel sulfurizado, salpiméntelas, añada las pipas de calabaza y algunas semillas de cilantro y cuézalas al vapor durante 7 minutos.

Mientras tanto, mezcle con el minipimer las hojas de cilantro con una cucharada de aceite de oliva, dos cucharadas de agua, las pipas de calabaza peladas y el diente de ajo.

Sirva el pescado con los tomates, los trozos de nectarina, algunas aceitunas, algunas pipas de calabaza y el pesto de cilantro. Riéguelo con un hilo de aceite de oliva y espolvoree una pizca de pimentón por encima.

FÁCIL

Para **4** personas
10 min de preparación
10 min de cocción
10 min en adobo
Coste medio

POLLO A LA SOJA CON SHIITAKES Y MORAS

4 pechugas de pollo • 400 g de shiitakes frescos • 1 bandeja pequeña de moras
• Algunos brotes de remolacha • 1 trozo pequeño de jengibre fresco • 2 cucharadas
de salsa de soja • 10 ramitas de cebollino • Pimienta

Vaporera • Papel sulfurizado

Marine las pechugas de pollo en la salsa de soja durante 10 minutos.

Mientras tanto, limpie los shiitakes y páselos rápidamente por debajo del agua corriente. Córtelos en dos o en cuatro trozos según su tamaño. Lave los brotes de remolacha.

Coloque los shiitakes y el pollo en el recipiente de la vaporera forrado con papel sulfurizado, esparza ramitas de cebollino por encima y cuézalo al vapor durante 10 minutos poniendo un trozo pequeño de jengibre en el recipiente para aromatizarlo todo.

Sirva las pechugas de pollo cortadas en lonchas con los shiitakes, los brotes de remolacha y las moras; esparza por encima algunas ramitas de cebollino y espolvoree con pimienta.

INFORMACIÓN
NUTRICIONAL
Los shiitakes permiten combatir el envejecimiento prematuro de las células y refuerzan el sistema inmunitario. También se utilizan a veces para aumentar la acción de los tratamientos anticancerosos.

FÁCIL

Para **4** personas
10 min de preparación
15 min de cocción
10 min en adobo
Coste medio

POLLO A LA ALBAHACA CON CHAMPIÑONES Y CALABAZA

4 pechugas de pollo • 1 calabaza potimarrón • 100 g de champiñones mezclados
• ½ manojo de albahaca • 1 cucharada de pistachos • 3 cucharadas de aceite de oliva
• Algunas hojas de achicoria roja • Sal

Vaporera • Papel sulfurizado • Minipimer

Marine las pechugas de pollo en dos cucharadas de aceite de oliva y algunas hojas de albahaca durante 10 minutos.

Mientras tanto, lave la calabaza, extraiga la pulpa y córtela en láminas finas. Limpie los champiñones y corte los más grandes en dos o en cuatro trozos. Cueza la calabaza al vapor durante 5 minutos añadiendo los champiñones 2 minutos antes de finalizar la cocción. Retírelos y resérvelos.

Forre con una hoja de papel sulfurizado el fondo del recipiente de la vaporera, coloque las pechugas de pollo y cuézalas al vapor durante 10 minutos con dos ramitas de albahaca para aromatizarlas.

Mientras tanto, extraiga las hojas de albahaca restantes y, con el minipimer, mézclelas con los pistachos, el aceite de oliva restante y dos cucharadas de agua. Sálelas ligeramente. Sirva la calabaza con el pollo cortado en trozos, los champiñones, algunas hojas de albahaca y de achicoria roja, y el ligero pesto de pistachos.

INFORMACIÓN NUTRICIONAL
La calabaza potimarrón es la prima de la calabaza amarilla. Poco calórica, es rica en fibras suaves y carotenos, los precursores de la vitamina A. También contribuye activamente a la protección de la piel y de la vista.

FÁCIL
Para 4 personas
15 min de preparación
40 min de cocción
Coste medio

TOFU AHUMADO CON TRIGO SARRACENO, JUDÍAS VERDES Y CIRUELAS

300 g de tofu ahumado (en la sección de refrigerados de los supermercados bio) • 300 g de trigo sarraceno • 300 g de judías verdes • 2 ciruelas • 1 cucharada de almendras • 150 ml de nata de soja para cocinar • 5 ramitas de albahaca • El zumo de ½ limón • Sal, pimienta

Cazo • Minipimer • Vaporera • Colador

Cueza el trigo sarraceno según las indicaciones del paquete. Lave las hojas de albahaca y, con el minipimer, mézclelas con la nata de soja para cocinar y el zumo de limón; sálelo todo ligeramente.

Corte el tofu en lonchas. Despunte las judías verdes, lávelas y cuézalas al vapor durante 8 minutos con el tofu ahumado. Lave las ciruelas y córtelas en cuartos.

Cuando el trigo sarraceno esté cocido, escúrralo y sírvalo con las judías verdes, el tofu ahumado y las ciruelas cortadas en trozos. Esparza almendras en los platos, pimienta y saboréelo con la salsa ligera de albahaca.

FÁCIL Para 4 personas
20 min de preparación
10 min de cocción
Coste medio

POLLO CON PERA
Y COLES DE BRUSELAS

4 pechugas de pollo • 500 g de coles de Bruselas • 2 peras • 1 puñado de nueces peladas
• 1 manojo de perifollo • 1 cucharada de aceite de nueces • 1 pizca de nuez moscada
• Sal, pimienta

Cazo • Film de cocina • Vaporera • Minipimer

Lave las coles de Bruselas, corte el tallo y retire las hojas dañadas del contorno. Córtelas por la mitad.

Salpimiente ligeramente las pechugas de pollo y espolvoréelas con un poco de nuez moscada y ramitas de perifollo. Enróllelas con film de cocina formando un cilindro (asegúrese de que los extremos del rollo estén bien cerrados) y cuézalas durante 10 minutos en un cazo con agua hirviendo.

Cocine al vapor las coles de Bruselas durante 10 minutos. Lave las peras y córtelas en láminas finas. Lave el perifollo, deshójelo y mézclelo, con el minipimer, con el aceite de nueces, la mitad de las nueces y dos cucharadas de agua. Sálelo todo ligeramente.

Para servir, reparta en los platos las coles de Bruselas, las peras y el pollo cortado en trozos, esparza las nueces restantes, salpimente, y sírvalo con el pesto de perifollo.

INFORMACIÓN
NUTRICIONAL
Las nueces son ricas en ácidos grasos insaturados de la familia de los omega 3 que tienen incuestionables propiedades para la protección cardiovascular. También contienen proteínas, fibras, potasio y magnesio.

FÁCIL
Para 4 personas
10 min de preparación
10 min de cocción
Coste medio

TRUCHA AL VAPOR CON RÁBANOS Y PUERROS

4 supremas de trucha • 4 puerros • 8 rábanos rosas • ½ manojo de perifollo • El zumo de ½ limón • 150 ml de nata de soja para cocinar • Sal

Vaporera • Minipimer

Retire los extremos de los puerros y conserve solamente la parte verde tierna de la verdura. Córtelos por la mitad y lávelos. Después córtelos en trozos de aproximadamente 10 cm. Cuézalos al vapor durante 10 minutos con las supremas de trucha y algunas hojas de perifollo.

Mientras tanto, lave los rábanos, descabézelos y córtelos en rodajas finas. Lave el perifollo y mezcle sus hojas, con el minipimer, con el zumo de limón y la nata de soja para cocinar; luego, sálelo todo ligeramente.

Sirva las supremas de trucha con los puerros, esparza por encima rábanos rosas y algunas ramitas de perifollo, y saboréelo con la salsa.

POSTRES

MUY FÁCIL
Para 4 personas
20 min de preparación
5 min de cocción
Coste barato

CARPACCIO DE MELÓN Y SANDÍA

1 melón cantalupo • 200 g de sandía • 1 lima • 6 ramitas de albahaca • 1 cucharada de sirope de agave

Cazo pequeño • Exprimidor • Colador

En el cazo, mezcle 200 ml de agua con el sirope de agave y llévelo a ebullición. Mientras tanto, deshoje la albahaca y reserve las hojas más pequeñas para decorar. Sumerja las más grandes en el agua de agave y déjelas infusionar 10 minutos fuera del fuego. Retire las hojas y déjelas enfriar.

Exprima la lima y mezcle el zumo con el almíbar ligero de albahaca; cuélelo y resérvelo en la nevera. Pele y despepite el melón. Pele la sandía y corte su pulpa, así como la del melón, en láminas finas.

Distribuya la fruta en los platos y riéguela con el sirope. Decórela con las hojas pequeñas de albahaca y sírvala bien fría.

FÁCIL

Para 4 personas
15 min de preparación
3 min de cocción
2 h de refrigeración
Coste medio

POMELO CON GELATINA DE SAÚCO Y ARÁNDANOS AZULES

*2 pomelos blancos • 60 g de arándanos azules • 4 racimos de flores de saúco
• 2 cucharadas de sirope de agave • 2 g de agar-agar*

Cazo pequeño • Colador • Bandeja pequeña

Deshoje las flores de saúco. Lleve a ebullición 300 ml de agua con el sirope de agave y sumerja las flores; luego deje hervir todo durante 2 minutos, después añada el agar-agar, mézclelo bien y siga con la ebullición otros 30 segundos. Cuele la preparación con el colador y viértala en una bandeja pequeña.

Pele los pomelos hasta la pulpa y extraiga los gajos. Distribúyalos en los platos con algunos arándanos azules y vierta el sirope de saúco por encima. Déjelo enfriar en la nevera durante 2 horas.

INFORMACIÓN
NUTRICIONAL
Los arándanos azules
son una excelente
fuente de antioxidantes.
También previenen
enfermedades oculares,
son antiinflamatorios y
permiten luchar contra
los problemas digestivos,
tanto en caso de diarrea
como de estreñimiento.

MUY
FÁCIL

Para 4 personas
10 min de preparación
2 min de cocción
Coste barato

UVAS CON ALMÍBAR DE ESTRAGÓN

1 racimo pequeño de uvas blancas • 1 racimo pequeño de uvas negras • 6 ramitas de estragón • 2 cucharadas de miel de acacia

Cazo pequeño • Colador

Mezcle la miel y 150 ml de agua en el cazo, y llévelas a ebullición. Añada las ramitas de estragón previamente lavadas y continúe la ebullición durante 1 minuto. Deje infusionar el almíbar 5 minutos fuera del fuego y después fíltrelo. Déjelo enfriar antes de ponerlo en la nevera.

Desgrane las uvas y lávelas. Cuando el almíbar esté bien frío, riegue las uvas con él y sírvalas.

MUY FÁCIL
Para 4 personas
15 min de preparación
15 min de cocción
Coste barato

MELOCOTONES CRUDOS Y ESCALFADOS A LA VAINILLA

*2 melocotones amarillos • 2 melocotones blancos • 1 vaina de vainilla • 4 ramitas de orégano
• 2 cucharadas de sirope de agave*

Cazo • Espumadera • Colador fino

En el cazo, mezcle el sirope de agave con 500 ml de agua. Corte la vaina de vainilla a lo largo, extraiga las semillas y añádalas al cazo junto con las ramitas de orégano. Ponga el cazo en el fuego y, tan pronto alcance la ebullición, sumerja los melocotones amarillos. Cuézalos a fuego bajo durante 10 minutos y después deje enfriar los melocotones en el almíbar.

Pele los melocotones blancos y córtelos en cuartos. Retire los melocotones amarillos del almíbar con la espumadera, pélelos y córtelos también en cuartos. Cuele el almíbar de vainilla con el colador, redúzcalo en el fuego durante algunos minutos y luego déjelo enfriar.

Distribuya los melocotones crudos y cocinados en los platos y riéguelos con la reducción de almíbar de vainilla.

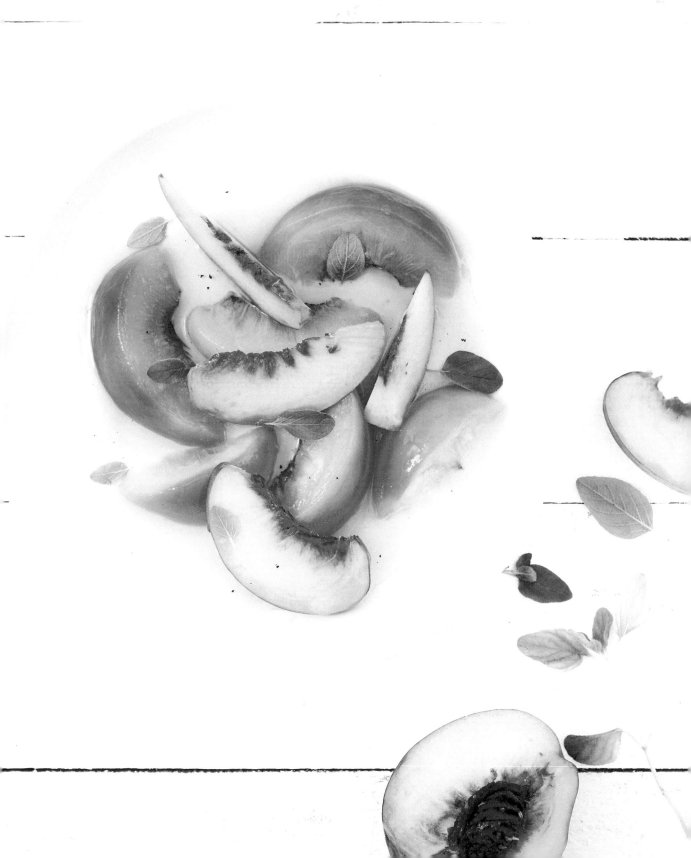

MUY
FÁCIL
Para 4 personas
15 min de preparación
1 h de refrigeración
Coste barato

PIÑA CON CILANTRO Y AZÚCAR MOSCOVADO

1 piña • 6 ramitas de cilantro • 1 lima • 1 cucharada de azúcar moscovado

Lave la lima y ralle la piel. Restriegue la ralladura con el azúcar moscovado para perfumarlo y resérvelo.

Pele la piña, saque el tronco duro central y corte la pulpa en trozos. Riegue la piña con el zumo de la lima, corte el cilantro en trozos pequeños y mézclelo todo. Déjelo reposar 1 hora en la nevera y sírvalo espolvoreado con el azúcar moscovado a la lima.

INFORMACIÓN
NUTRICIONAL
El azúcar moscovado es un azúcar de caña integral con un sabor perfumado y marcado. A diferencia del azúcar ordinario, no está refinado. La piña es rica en fibras y contiene una enzima que facilita la digestión.

MUY
FÁCIL
Para 4 personas
10 min de preparación
1 h de refrigeración
Coste medio

FRESAS, COMBAVA Y CITRONELA

500 g de fresas • 1 combava o lima kafir • 1 lima • 1 rama de citronela • 1 cucharada de azúcar de coco

Lave la combava, ralle la piel y restriegue la ralladura con el azúcar de coco; luego déjelo reposar todo.

Lave, descabece y corte las fresas en trozos y después póngalos en una ensaladera. Retire la primera hoja de la citronela y corte a lo largo el tallo por la mitad. Riegue las fresas con zumo de lima, mézclelo todo, ponga trozos de citronela en la ensaladera y déjelo reposar en la nevera durante 1 hora.

Retire la citronela justo antes de servir, espolvoree las fresas con azúcar de coco a la combava y saboréelas.

INFORMACIÓN
NUTRICIONAL
La combava es un pequeño cítrico parecido a la lima. Posee propiedades antisépticas, digestivas y calmantes. El azúcar de coco se extrae de la savia de la flor del cocotero. Es un azúcar natural cuyo índice glucémico es bajo (35) en comparación con el del azúcar normal (70).

MUY FÁCIL

Para 4 personas
10 min de preparación
5 min de cocción
Coste barato

MANZANA VERDE Y FRAMBUESAS A LA SALVIA

2 manzanas verdes • 1 bandeja de frambuesas • 200 ml de zumo de manzana bio
• 2 ramitas de salvia • ½ limón

Cazo pequeño • Espumadera • Colador

Lleve el zumo de manzana a ebullición, añada las hojas de salvia y deje infusionar todo durante 10 minutos. Retire las hojas con la ayuda de la espumadera y deje enfriar el zumo antes de meterlo en la nevera.

Pase rápidamente las frambuesas por debajo del agua y escúrralas. Lave las manzanas, retire el corazón y córtelas en láminas muy finas; frótelas con el limón.

Distribuya las láminas de manzana y las frambuesas en platos pequeños hondos y riéguelo todo con zumo de manzana a la salvia.

MUY FÁCIL

Para 4 personas
5 min de preparación
3 min de cocción
Coste módico

QUESO FRESCO CON MORAS Y ARÁNDANOS AZULES

200 g de queso fresco de cabra • 2 bandejas de arándanos azules • 1 bandeja de moras • ½ vaina de vainilla • 1 cucharada de sirope de agave • 1 pizca de canela

Cazo

Lave los arándanos azules y las moras. Ponga la mitad de los frutos en el cazo con una pizca de canela y cuézalos durante 3 minutos.

Corte en dos la vaina de vainilla y extraiga las semillas pasando el dorso de la hoja de un cuchillo. Mézclelas con el queso fresco y el sirope de agave.

Sirva el queso fresco a la vainilla con los frutos frescos y la compota fría o templada.

INFORMACIÓN NUTRICIONAL

Los productos lácteos de cabra son más fáciles de digerir que los de vaca, y aportan proteínas y calcio en cantidades similares. El sirope de agave tiene un poder endulzante más elevado que el del azúcar ordinario y su índice glucémico es bajo (25).

FÁCIL

Para **4** personas
20 min de preparación
7 min de cocción
1 h escurriendo
Coste medio

NUBE DE REQUESÓN CON CÍTRICOS

400 g de requesón de cabra • 2 pomelos • 2 naranjas • 1 limón • 2 ramitas de albahaca, más algunas hojas para decorar • 1 cucharada de sirope de agave • 1 cucharadita de semillas de adormidera

Cazo pequeño • Rallador • Exprimidor

Antes de empezar, deje escurrir el requesón durante 1 hora.

Bata el requesón escurrido con las semillas de adormidera, el zumo de medio pomelo y el sirope de agave. Después, viértalo en un plato o en unos vasos y resérvelo en la nevera.

Extraiga la piel de las naranjas y del limón, y luego exprima el limón y una naranja. Viértalo todo en un cazo y hiérvalo durante 5 minutos. Fuera del fuego, añada la albahaca y deje infusionar todo.

Pele hasta la pulpa el pomelo y la naranja y extraiga los gajos. Sirva el requesón batido con los gajos de pomelo y de naranja y la reducción de cítricos con albahaca. Decore con algunas hojas de albahaca por encima.

MUY
FÁCIL
Para 4 personas
15 min de preparación
15 min de remojo
Coste medio

YOGUR DE SEMILLAS DE CHÍA CON CIRUELAS Y ALMENDRAS

200 g de yogur de leche de cabra • 2 ciruelas rojas • 2 ciruelas amarillas • 1 cucharada de miel • 1 cucharada de semillas de chía • ½ vaina de vainilla • 2 orejones de albaricoque • Algunas almendras

Minipimer

Remoje las semillas de chía durante 15 minutos en cuatro veces su volumen en agua removiéndolas regularmente.

Mezcle el yogur con la miel y las semillas de vainilla. Cuando las semillas de chía se hayan hinchado, incorpórelas al yogur.

Lave la fruta, corte las ciruelas rojas en cuartos y deshuese las ciruelas amarillas. Mezcle con el minipimer las ciruelas amarillas y los orejones.

Sirva el yogur de semillas de chía con los trozos de ciruelas rojas y el condimento de ciruelas y orejones, y esparza almendras por encima.

INFORMACIÓN
NUTRICIONAL
Las semillas de chía son ricas en fibras solubles, que juegan un papel importante en la sensación de saciedad y en la regularización del tránsito intestinal. También contienen grasas omega 3, calcio y magnesio, así como compuestos con propiedades antioxidantes.

CREMOSO DE CHOCOLATE NEGRO, HIGO Y FRAMBUESAS

1 aguacate • 1 plátano • 125 g de frambuesas • 2 higos • El zumo de ½ limón • 100 ml de leche de almendras • 4 higos secos • 60 g de cacao crudo en polvo • 1 cucharada de aceite de coco • 1 cucharada de sirope de arce

Minipimer

Corte el aguacate por la mitad, quite el hueso y extraiga la pulpa. Colóquela en el vaso del minipimer con el plátano pelado, el zumo de limón, la leche de almendras, los higos secos cortados en trozos, el sirope de arce y el aceite de coco fundido. Mézclelo hasta que obtenga una textura homogénea.

Vierta la mezcla obtenida en una ensaladera e incorpore el cacao. Resérvela en la nevera. Sirva el cremoso con las frambuesas y los higos cortados en trozos.

INFORMACIÓN NUTRICIONAL
El cacao contiene compuestos con fuertes poderes antioxidantes. También es una excelente fuente de magnesio, hierro y oligoelementos. Consumido en pequeñas cantidades, tiene un efecto estimulante y antiestrés.

FÁCIL

Para **4** personas
10 min de preparación
10 min de cocción
10 min de refrigeración
Coste medio

COMPOTA DE RUIBARBO Y NARANJA CON FRESAS

6 tallos de ruibarbo • 2 naranjas • 200 g de fresas • 3 ramitas de tomillo limón
• 3 cucharadas de sirope de agave

Cazo • Exprimidor

Lave el ruibarbo y córtelo en trocitos. Colóquelos en el cazo con dos cucharadas y media de sirope de agave y el zumo de las dos naranjas. Cuézalo durante 10 minutos.

Lave y retire el pedúnculo de las fresas, y luego córtelas en trozos. Mézclelas con el tomillo limón y añada el resto de sirope de agave, amalgámelo todo y déjelo reposar 10 minutos en la nevera. Sírvalas con la compota de ruibarbo.

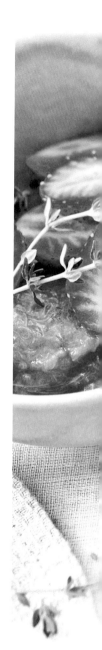